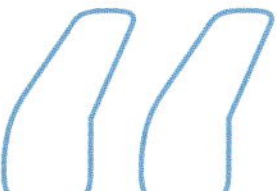

La Journée du chandail orange a été lancée en 2013. J'ai toujours voulu raconter comment la Journée est née et reconnaître le travail de tous ceux et celles qui ont contribué à sa création. Merci à toutes les personnes qui continuent à participer à la Journée du chandail orange au Canada et à l'étranger.

Je ne me suis pas réveillée un matin en décidant que le 30 septembre serait la Journée du chandail orange. Il y a une histoire derrière cette décision, une longue série d'événements qui sont survenus et une grande quantité de personnes qui ont contribué à mettre sur pied le mouvement.

Merci de prendre le temps de lire ce livre. J'espère qu'il comblera certaines lacunes qui vous permettront de saisir le sens de la Journée du chandail orange. Pourquoi la couleur orange, pourquoi le slogan « Chaque enfant compte », et pourquoi ce besoin d'honorer les survivants des pensionnats et leurs familles, et de commémorer les enfants qui ne sont pas rentrés chez eux.

Avec respect et amitié,

Phyllis Webstad

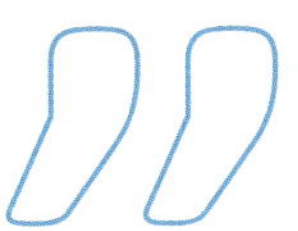

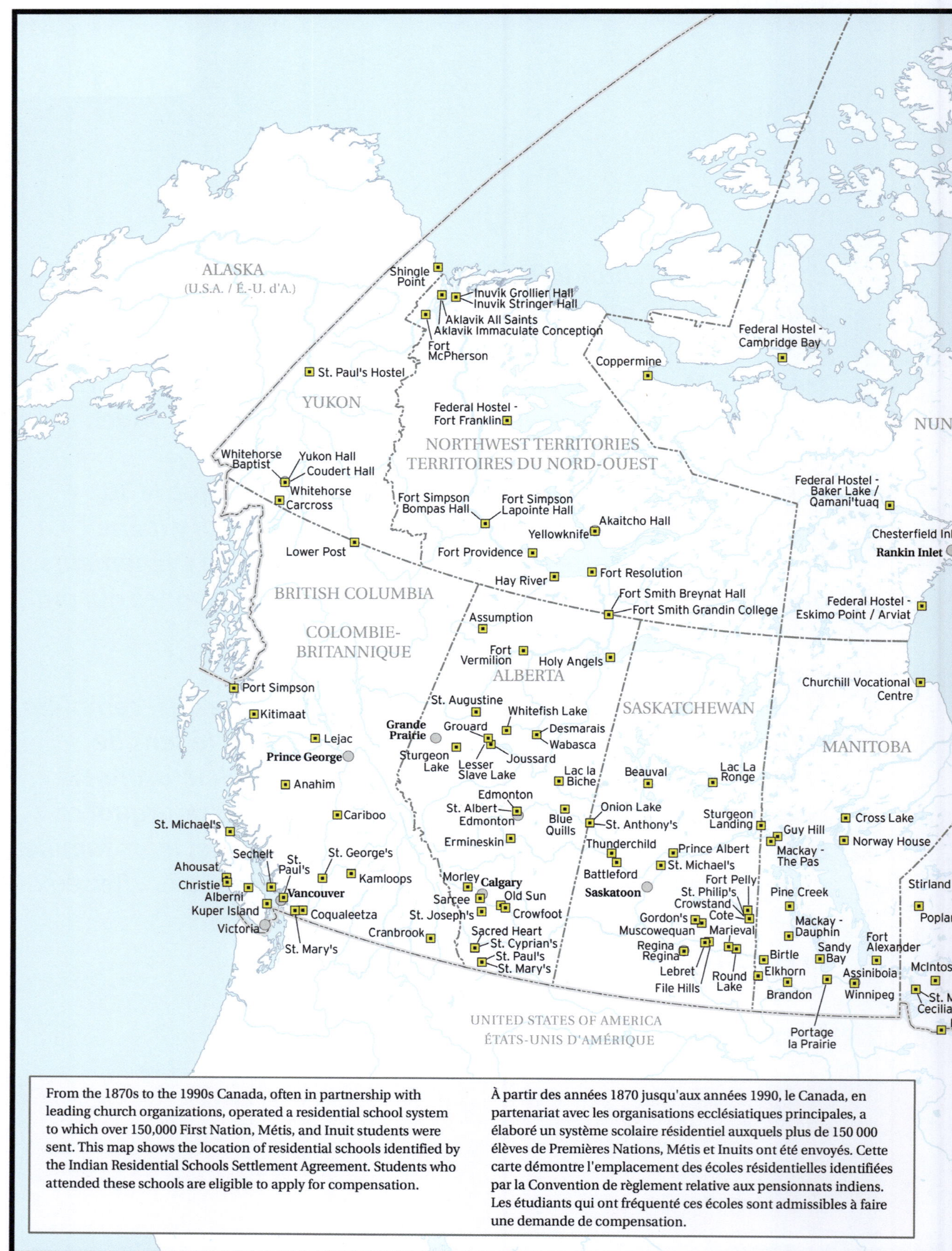

From the 1870s to the 1990s Canada, often in partnership with leading church organizations, operated a residential school system to which over 150,000 First Nation, Métis, and Inuit students were sent. This map shows the location of residential schools identified by the Indian Residential Schools Settlement Agreement. Students who attended these schools are eligible to apply for compensation.

À partir des années 1870 jusqu'aux années 1990, le Canada, en partenariat avec les organisations ecclésiastiques principales, a élaboré un système scolaire résidentiel auxquels plus de 150 000 élèves de Premières Nations, Métis et Inuits ont été envoyés. Cette carte démontre l'emplacement des écoles résidentielles identifiées par la Convention de règlement relative aux pensionnats indiens. Les étudiants qui ont fréquenté ces écoles sont admissibles à faire une demande de compensation.

Cette carte comprend seulement les pensionnats financés par le gouvernement.
Il est important de reconnaître qu'il y avait aussi, au Canada, des écoles de jour autochtones et de nombreux pensionnats tenus par l'Église, qui ne sont pas représentés sur cette carte.

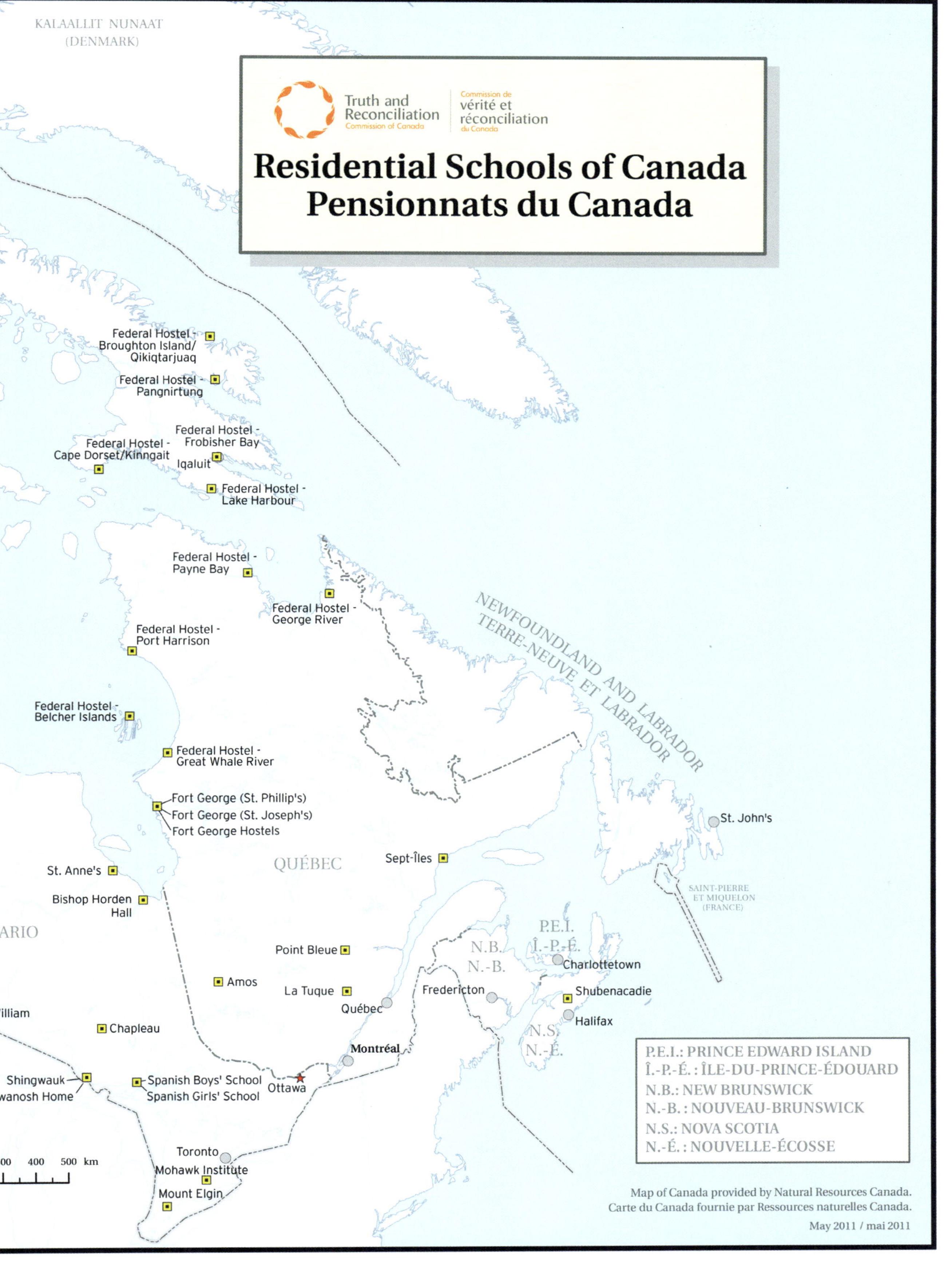

Truth and Reconciliation Commission of Canada
Commission de vérité et réconciliation du Canada

Residential Schools of Canada
Pensionnats du Canada

KALAALLIT NUNAAT (DENMARK)

Federal Hostel - Broughton Island/ Qikiqtarjuaq
Federal Hostel - Pangnirtung
Federal Hostel - Frobisher Bay
Federal Hostel - Cape Dorset/Kinngait
Iqaluit
Federal Hostel - Lake Harbour
Federal Hostel - Payne Bay
Federal Hostel - George River
Federal Hostel - Port Harrison
Federal Hostel - Belcher Islands
Federal Hostel - Great Whale River
Fort George (St. Phillip's)
Fort George (St. Joseph's)
Fort George Hostels
St. Anne's
Bishop Horden Hall
ARIO
QUÉBEC
Sept-Îles
NEWFOUNDLAND AND LABRADOR
TERRE-NEUVE ET LABRADOR
St. John's
SAINT-PIERRE ET MIQUELON (FRANCE)
P.E.I. Î.-P.-É.
Charlottetown
N.B. N.-B.
Fredericton
Shubenacadie
N.S. N.-É.
Halifax
Point Bleue
Amos
La Tuque
Québec
Montréal
William
Chapleau
Shingwauk
wanosh Home
Spanish Boys' School
Spanish Girls' School
Ottawa
Toronto
Mohawk Institute
Mount Elgin
300   400   500 km

P.E.I.: PRINCE EDWARD ISLAND
Î.-P.-É.: ÎLE-DU-PRINCE-ÉDOUARD
N.B.: NEW BRUNSWICK
N.-B.: NOUVEAU-BRUNSWICK
N.S.: NOVA SCOTIA
N.-É.: NOUVELLE-ÉCOSSE

Map of Canada provided by Natural Resources Canada.
Carte du Canada fournie par Ressources naturelles Canada.

May 2011 / mai 2011

Residential Schools/Pensionnats	Location/Emplacement	Church/Église
Alberta		
Assumption (Hay Lakes)	Assumption	C
Blue Quills (Saddle Lake, Sacred Heart, Lac la Biche)	Lac la Biche, 1891-98 Saddle Lake, 1898-1931 St. Paul, 1931	C
Crowfoot (Blackfoot, St. Joseph's, St. Trinité)	Cluny	C
Desmarais (St. Martins, Wabiscaw Lake, Wabasca)	Desmarais-Wabasca	C
Edmonton (Red Deer Industrial, St. Albert)	St. Albert	U
Ermineskin	Hobbema	C
Fort Vermilion (St. Henry's)	Fort Vermillion	C
Grouard (St. Bernard's, Lesser Slave Lake Roman Catholic)	Grouard	C
Holy Angels (Fort Chipewyan, École des Saints-Anges)	Fort Chipewyan	C
Joussard (St. Bruno's)	Joussard	C
Lac la Biche (Notre Dame des Victoires, Blue Quills)	Lac La Biche	C
Lesser Slave Lake (St. Peter's)	Lesser Slave Lake	4A
Morley (Stony/Stoney)	Morley	U
Old Sun (Blackfoot)	Gleichen	A
Sacred Heart (Peigan, Brocket)	Brocket	C
St. Albert (Youville)	Youville	C
St. Augustine (Smoky River)	Peace River	C
St. Cyprian's (Victoria Home, Peigan)	Brocket	A
St. Joseph's (High River, Dunbow)	High River	C
St. Mary's (Blood, Immaculate Conception)	Cardston	C
St. Paul's (Blood)	Cardston	A
Sarcee (St. Barnabas)	Sarcee Junction, T'suu Tina	A
Sturgeon Lake (Calais, St. Francis Xavier)	Calais	C
Wabasca (St. John's)	Wabasca Lake	A
Whitefish Lake (St. Andrew's)	Whitefish Lake, Atikameg, (St. Andrew's Mission)	A
British Columbia / Colombie-Britannique		
Ahousat	Ahousat	U
Alberni	Port Alberni	U
Anahim (Anahim Lake)	Anahim Lake	N
Cariboo (St. Joseph's, William's Lake)	Williams Lake	C
Christie (Clayquot, Kakawis)	Tofino	C
Coqualeetza	Chilliwack	U
Cranbrook (St. Eugene's, Kootenay)	Cranbrook	C
Kamloops	Kamloops	C
Kitimaat	Kitimaat	U
Kuper Island	Kuper Island	C
Lejac (Fraser Lake)	Fraser Lake	C
Lower Post	Lower Post	C
Port Simpson (Crosby Home for Girls)	Port Simpson	A

Residential Schools/Pensionnats	Location/Emplacement	Church/Église
St. George's (Lytton)	Lytton	A
St. Mary's (Mission)	Mission	C
St. Michael's (Alert Bay Girls' Home, Alert Bay Boys' Home)	Alert Bay	A
St. Paul's (Squamish, North Vancouver)	North Vancouver	C
Sechelt	Sechelt	C
Manitoba		
Assiniboia (Winnipeg)	Winnipeg	C
Birtle	Birtle	P
Brandon	Brandon	U/C
Churchill Vocational Centre	Churchill	N
Cross Lake (St. Joseph's, Norway House, Jack River Annex, Notre Dame Hostel)	Cross Lake	C
Elkhorn (Washakada)	Elkhorn	A
Fort Alexander (Pine Falls)	Pine Falls	C
Guy Hill (Clearwater, The Pas, Sturgeon Landing (SK))	Clearwater Lake	C
Mackay – Dauphin	Dauphin	A
Mackay – The Pas	The Pas	A
Norway House	Norway House	U
Pine Creek (Camperville)	Camperville	C
Portage la Prairie	Portage la Prairie	U
Sandy Bay	Sandy Bay Reserve	C
Northwest Territories/Territoires du Nord-Ouest		
Akaitcho Hall (Yellowknife)	Yellowknife	N
Aklavik - Immaculate Conception	Aklavik	C
Aklavik (All Saints)	Aklavik	A
Federal Hostel - Fort Franklin	Déline	N
Fort McPherson (Fleming Hall)	Fort McPherson	A
Fort Providence (Sacred Heart)	Fort Providence	C
Fort Resolution (St. Joseph's)	Fort Resolution	C
Fort Simpson - Bompas Hall (Koe Go Cho)	Fort Simpson	A
Fort Simpson - Lapointe Hall (Deh Cho Hall, Koe Go Cho)	Fort Simpson	C
Fort Smith - Breynat Hall	Fort Smith	C
Fort Smith - Grandin College	Fort Smith	C
Hay River (St. Peter's)	Hay River	A
Inuvik - Grollier Hall	Inuvik	C
Inuvik - Stringer Hall	Inuvik	A
Nova Scotia / Nouvelle-Écosse		
Shubenacadie	Shubenacadie	C
Nunavut		
Chesterfield Inlet (Joseph Bernier, Turquetil Hall)	Chesterfield Inlet	C
Coppermine (Tent Hostel)	Coppermine	A
Federal Hostel - Baker Lake/Qamani'tuaq	Qamanittuaq	N

Residential Schools/Pensionnats	Location/Emplacement	Church/Église
Federal Hostel - Belcher Islands	South Camp, Flaherty Island	N
Federal Hostel - Broughton Island/Qikiqtarjuaq	Qikiqtarjuaq	N
Federal Hostel - Cambridge Bay	Cambridge Bay	N
Federal Hostel - Cape Dorset/Kinngait	Kinngait	N
Federal Hostel - Eskimo Point/Arviat	Arviat	N
Federal Hostel - Frobisher Bay (Ukkivik)	Iqaluit	N
Federal Hostel - Igloolik/Iglulik	Igloolik/Iglulik	N
Federal Hostel - Lake Harbour	Kimmirut	N
Federal Hostel - Pangnirtung (Pangnirtang)	Pangnirtung/Panniqtuuq	N
Federal Hostel - Pond Inlet/Mittimatalik	Mittimatalik	N

Ontario

Residential Schools/Pensionnats	Location/Emplacement	Church/Église
Bishop Horden Hall (Moose Fort, Moose Factory)	Moose Factory Island	A
Cecilia Jeffrey (Kenora, Shoal Lake)	Kenora	P
Chapleau (St. Joseph's, St. John's)	Chapleau	A
Cristal Lake		M
Fort Frances (St. Margaret's)	Fort Frances	C
Fort William (St. Joseph's)	Fort William	C
McIntosh (Kenora)	McIntosh	C
Mohawk Institute	Brantford	A
Mount Elgin (Muncey, St. Thomas)	Muncey	U
Pelican Lake (Pelican Falls)	Sioux Lookout	A
Poplar Hill	Poplar Hill	M
St. Anne's (Fort Albany)	Fort Albany	C
St. Mary's (Kenora, St. Anthony's)	Kenora	C
Shingwauk	Sault Ste. Marie	A
Spanish Boys' School (Charles Garnier, St. Joseph's, Wikwemikong Industrial)	Spanish	C
Spanish Girls' School (St. Joseph's, St. Peter's, St. Anne's, Wikwemikong Industrial)	Spanish	C
Stirland	Stirland	M

Québec

Residential Schools/Pensionnats	Location/Emplacement	Church/Église
Amos (St. Marc-de-Figuery)	Amos	C
Fort George (St. Phillip's)	Fort George	A
Fort George (St. Joseph's Mission, Residence Couture, Sainte-Thérèse-de-l'Enfant- Jésus)	Fort George	C
Federal Hostel - George River	Kangirsualujjuaq	N
Federal Hostel - Great Whale River (Poste-de-la-Baleine, Kuujjaraapik)	Kuujjuaraapik/ Whapmaguustui	N
Federal Hostel - Payne Bay (Bellin)	Kangirsuk	N
Federal Hostel - Port Harrison (Inoucdjouac, Innoucdouac)	Inukjuak	N
La Tuque	La Tuque	A
Point Bleue	Pointe-Bleue	C
Sept-Îles (Seven Islands, Notre Dame, Maliotenam)	Sept-Îles	C

Saskatchewan

Residential Schools/Pensionnats	Location/Emplacement	Church/Église
Battleford	Battleford	A
Beauval (Lac la Plonge)	Beauval	C
Cote Improved Federal Day School	Kamsack	U
Crowstand	Kamsack	P
File Hills	Balcarres	U
Fort Pelly	Fort Pelly	C
Gordon's Gordon's Reserve	Punnichy	A
Lac La Ronge	Lac La Ronge	A
Lebret (Qu'Appelle, Whitecalf, St. Paul's High School)	Lebret	C
Marieval (Cowesess, Crooked Lake)	Cowesess Reserve	C
Muscowequan (Lestock, Touchwood)	Lestock	C
Onion Lake	Onion Lake	A
Prince Albert (Onion Lake, St. Alban's, All Saints, St. Barnabas, Lac La Ronge)	Prince Albert	A
Regina	Regina	P
Round Lake	Broadview	U
St. Anthony's (Onion Lake, Sacred Heart)	Onion Lake	C
St. Michael's (Duck Lake)	Duck Lake	C
St. Phillip's	Kamsack	C
Sturgeon Landing (Guy Hill, Manitoba)	Sturgeon Landing	C
Thunderchild (Delmas, St. Henri)	Delmas	C

Yukon

Residential Schools/Pensionnats	Location/Emplacement	Church/Église
Carcross (Chooulta)	Carcross	A
Coudert Hall (Whitehorse Hostel/Student Residence, Yukon Hall)	Whitehorse	C
St. Paul's Hostel (Dawson City)	Dawson	A
Shingle Point (St. John's)	Shingle Point	A
Whitehorse Baptist (Lee Mission)	Whitehorse	B
Yukon Hall (Whitehorse/Protestant Hostel)	Whitehorse	N

Church / Église
A = Anglican / Anglicane
B = Baptist / Baptiste
C = Catholic / Catholique
M = Mennonite / Mennonite
N = Non-denominational / Non-confessionelle
P = Presbyterian / Presbytérienne
U = United / Unie

Chandail orange officiel 2023
Conçu par Charliss Santos

Reconnaissance territoriale

Medicine Wheel Publishing et la Société du chandail orange reconnaissent que ce livre a été conçu sur les territoires traditionnels des Salishes de la côte, ceux des peuples Sc'ianew, Lekwungen et T'Sou-ke, ainsi que sur ceux des Salishes du continent, les Secwépemc (Shuswap), notamment la Première Nation T'exelcemc (Williams Lake Indian Band) et la Première Nation Xatśūll (bande indienne Soda Creek).

Remerciements

La Société du chandail orange aimerait remercier toutes les personnes merveilleuses qui ont sacrifié leur temps et leur énergie pour la création de la Journée du chandail orange et de la Société du chandail orange.

Sans vous, ce mouvement serait inconcevable. Que vous soyez artiste, bénévole, chef de bande, fonctionnaire, participante, mécène, étudiant, enseignante, survivant, membre d'une famille de survivants, membre—présent ou passé—du CA de la Société du chandail orange ou futur participant, nous aimerions vous remercier, chacun et chacune, pour votre contribution à la forme actuelle de la Journée du chandail orange.

Table des matières

Chemises orange perlées pour le Centre d'amitié autochtone de Prince George. L'artiste comprend Jean Baptiste, Lynette La Fontaine, Shalane Pauls et Nicole Evanoff.

CHAPITRE 1

Introduction et la vision
qui a inspiré la Journée du chandail orange

Bienvenue. Kukwstsetsélp (merci à vous tous) de faire preuve de courage et d'ouvrir votre cœur afin d'apprendre, grandir et chercher à rendre notre pays plus inclusif et unifié. En lisant *La journée du chandail orange*, vous entreprenez un cheminement essentiel pour mieux comprendre le sens de la Journée du chandail orange, de la Société du chandail orange, la honteuse histoire des pensionnats canadiens et leurs conséquences, la **Réconciliation relative aux pensionnats autochtones** et comment participer à une **Journée nationale de vérité et de réconciliation**.

La seule manière d'accéder à la réconciliation en ce qui a trait aux pensionnats autochtones est de reconnaître la véritable histoire et en tirer des leçons, peu importe à quel point c'est difficile. La Société du chandail orange espère que ce livre vous mettra en confiance et vous inspirera à poursuivre le travail vers la réconciliation, quel que soit votre âge, votre passé et votre parcours de vie. Tout le monde a son rôle à jouer. Ce livre vous fournira le savoir et les compétences ainsi que l'occasion nécessaires afin d'entamer le processus de réconciliation vis-à-vis de ce qui s'est produit dans les pensionnats, tout en en apprenant davantage sur le mauvais traitement qui est encore aujourd'hui réservé aux communautés autochtones.

Tandis que vous entamez votre cheminement pour comprendre la Journée du chandail orange et la réconciliation, nous vous invitons à rester à l'écoute de votre cœur, de votre esprit et de vos sentiments. Si vous vous sentez triste ou troublé à la lecture de ce livre, n'hésitez pas à prendre une pause et à en parler à un parent, à une enseignante ou à tout autre adulte en qui vous avez confiance.

La Réconciliation relative aux pensionnats autochtones est un processus collectif continu qui suppose que des Canadiens autochtones comme allochtones aient le courage de reconnaître les abus qu'ont subis les peuples autochtones au sein du système des pensionnats, et de s'éduquer les uns les autres à ce sujet. La réconciliation vise à créer, pour les Canadiens autochtones, un nouveau patrimoine qui soutienne un cheminement de guérison afin que les traditions culturelles puissent ressurgir dans le respect.

La Journée nationale de la vérité et de la réconciliation
« Chaque année, le 30 septembre marque la Journée nationale de la vérité et de la réconciliation. Cette journée est l'occasion de rendre hommage aux enfants qui n'ont jamais pu rentrer chez eux et aux survivants des pensionnats ainsi qu'à leurs familles et leurs communautés. La commémoration publique de l'histoire tragique et douloureuse des pensionnats et de leurs séquelles durables est un élément essentiel du processus de réconciliation [1].»

Lignes d'écoute canadiennes sans frais

- Ligne d'écoute téléphonique nationale des pensionnats indiens (24 heures sur 24) : 1-866-925-4419
- Ligne d'écoute espoir : 1-855-242-3310
- Jeunesse, j'écoute : 1-800-668-6868
- Service canadien de la prévention du suicide : 1-833-456-4566
- Urgences : 9-1-1

Ce livre a été créé pour vous aider à vous éduquer au sujet du mouvement de la Journée du chandail orange, sur l'histoire des pensionnats autochtones et sur le processus de réconciliation. Entre ces pages, il y a quelque chose pour tout le monde, et nous espérons que ce texte pourra vous servir de guide pour tisser des liens relationnels significatifs qui pourront ouvrir la voie vers la réconciliation. La Société du chandail orange invite les enseignants, les fonctionnaires, les parents et les autres personnes d'influence à utiliser ces textes en tant qu'outil pédagogique afin d'offrir ce savoir aux jeunes générations qui préparent le terrain vers un avenir radieux.

La terminologie employée dans ce livre

Indien est un terme erroné et désuet employé pour désigner les peuples autochtones. Il est fondé sur la supposition fausse, de la part des premiers explorateurs européens, qu'ils étaient arrivés en Inde. Malheureusement, il s'agit encore d'un terme « juridique » employé dans la Loi sur les Indiens de 1876, toujours en vigueur aujourd'hui. Aujourd'hui, « indien » est un terme péjoratif, et il ne sera employé dans ce livre que pour se référer aux pensionnats indiens et aux autres termes juridiques en lien avec la Loi sur les Indiens[2].

Autochtones est un terme qui « désigne les premiers peuples au Canada ainsi que leurs descendants. La *Loi constitutionnelle de 1982* stipule que les peuples autochtones au Canada sont répartis en trois groupes : les Indiens, les Inuit et les Métis. Il s'agit de trois peuples, chacun se distinguant des autres par son patrimoine, sa langue, ses habitudes culturelles et ses croyances[3]. »

Premières Nations « est un terme qui décrit les peuples autochtones dont l'ethnicité n'est ni inuite ni métisse[4] ».

Inuit : Peuple autochtone qui vit au Nunavut, dans les Territoires du Nord-Ouest, dans le Nord du Québec et dans le Nord du Labrador. Dans la langue des Inuit, l'Inuktitut, le mot « Inuit » signifie « peuple ». Le singulier d'Inuit est Inuk [5].

Métis : « Une personne qui s'identifie comme Métis, est d'ascendance historique de la Nation métisse, est distincte des autres peuples autochtones et est acceptée par la Nation métisse. Les gouvernements de la Nation métisse de chaque province gèrent l'inscription des Métis[6]. »

Ce qu'explore ce livre

La journée du chandail orange, le 30 septembre, est l'occasion d'honorer les survivants des pensionnats, leurs familles, et de commémorer **les enfants qui ne sont pas rentrés chez eux**. Ce livre vous permettra de comprendre la force et l'importance de la réconciliation dans le contexte de la Journée du chandail orange. Il est de la responsabilité de tous de comprendre les séquelles à long terme de ce **traumatisme national** et comment nous pouvons tous ensemble – des personnes de tout âge, de toute provenance et de toute ascendance – nous assurer qu'une histoire comme celle des pensionnats ne se reproduise jamais. Afin que nous puissions accueillir la réconciliation et le changement à bras ouverts, Autochtones comme non-Autochtones doivent s'unir pour reconnaître cette époque tragique de l'histoire canadienne afin de favoriser la guérison. Nous devons tous travailler ensemble pour un avenir meilleur et plus inclusif où CHAQUE ENFANT COMPTE.

Le Chef Willie Sellars, l'aînée Millie Emile, l'aînée Virginia Gilbert et Phyllis Webstad à la *Journée du chandail orange* de Williams Lake. Crédit photo : Monica Lamb-Yorski, du *Williams Lake Tribune*.

Un **traumatisme national** se produit lorsqu'un événement ou une expérience traumatisante affecte un groupe collectif de personnes à travers un pays. Les pensionnats indiens ont entraîné un traumatisme national.

La ville de **Williams Lake** fait partie du district régional de Cariboo en Colombie-Britannique et est située sur le territoire traditionnel de la T'exelcemc (Première Nation de Williams Lake), qui sont membres de la Nation Secwépemc (peuple Shuswap).[7]

Les enfants qui ne sont pas rentrés des pensionnats parce qu'ils sont morts, de malnutrition, de maladie ou de blessures dues à la circonstances et abus endurés dans les écoles. De nombreux enfants ont également tenté de fuir les pensionnats, mais ils sont morts en essayant de retrouver le chemin du retour. Les dossiers montrent que 6 000 enfants sont morts dans les pensionnats, mais les dossiers sont incomplets et on pense que beaucoup plus d'enfants ne sont pas rentrés à la maison. Des enquêtes sont en cours concernant la découverte de tombes anonyme et lieux de sépulture non documentés sur les sites des pensionnats à travers le Canada.[8]

Le livre en un coup d'œil

Ce livre vous propose à la fois d'entrer en vous-mêmes et d'élargir votre vision du monde afin d'acquérir les compétences, attitudes et relations nécessaires pour vous engager sur la voie essentielle de la Réconciliation. Afin d'y parvenir, ce livre vous offre les composantes suivantes :

- Un bref historique des événements qui ont mené à l'implantation des pensionnats.
- Un bref historique des pensionnats canadiens, avec une attention particulière portée aux conséquences de la Mission Saint-Joseph, un pensionnat situé à **Williams Lake**, en Colombie-Britannique.
- Un bref survol du Projet de commémoration du pensionnat de la Mission Saint-Joseph, qui est à l'origine de la vision qui a mené à la Journée du chandail orange.
- L'histoire de la création du mouvement de la Journée du chandail orange et de la Société du chandail orange
- Des conseils sur la manière respectueuse, authentique et efficace de prendre part à la Journée du chandail orange.
- Des réflexions sur la Réconciliation.

Ce livre est illustré par des projets artistiques étudiants inspirés par la Journée du chandail orange. Ces œuvres reflètent la réflexion des élèves partout au Canada en réponse à notre mouvement. La Société du chandail orange remercie sincèrement les centaines de brillants enseignants et élèves qui nous ont si gentiment soumis leurs œuvres. Si nous n'avons pas pu les inclure toutes, nous n'en sommes pas moins impressionnés par toutes ces réponses formidablement créatives.

Les termes qui nécessitent une définition apparaîtront en **gras**. Pour ceux-ci, une définition sera proposée au bas du texte et/ou à la fin du livre, dans le lexique.

Photo de Jacqueline Maurer. Ces sacs de médecine ont été fabriquées au Dze L K'ant Friendship Centre sur le territoire Wet'suwet'en.

Pour aider les enseignants à bien se servir de ce livre, nous avons créé un guide d'étude fondé sur le cursus scolaire, conçu pour fournir des outils et ressources supplémentaires spécialement pour la salle de classe. Pour plus d'informations, vous trouverez le guide d'étude *La journée du chandail orange : le 30 septembre* au www.medicinewheelpublishing.com

Pour plus de ressources en lien avec la Journée du chandail orange, rendez-vous au www.orangeshirtsociety.org

La vision qui a inspiré la Journée du chandail orange

La Journée du chandail orange se déroule le 30 septembre, qui correspond à un jour férié au fédéral en l'honneur de la Journée nationale de la vérité et de la réconciliation. La Journée du chandail orange est un produit du Projet de commémoration du pensionnat de la Mission Saint-Joseph, qui a eu lieu en mai 2013, à Williams Lake, en Colombie-Britannique. Cette commémoration se déroulant sur une semaine a été inspirée par le **Chef Fred Robbins**, qui est d'ascendance Secwépemc (Shuswap) du nord et qui appartient à la Première Nation Esk'etemc (Alkali Lake)[9]. Le Chef Fred Robbins avait une vision pour la réconciliation qui supposait que tous se souviennent ou apprennent ce qui s'est passé au pensionnat Mission Saint-Joseph, afin que nous puissions honorer et soutenir les survivants, et leur permettre de guérir de leurs expériences, pour en arriver par la suite à une réconciliation.

La vision du Chef Fred Robbins consistait à provoquer des changements positifs à long terme et de donner lieu à des échanges harmonieux entre peuples autochtones et non-autochtones au sein de Williams Lake et dans toute la région Cariboo. Afin d'y parvenir, il devait faire comprendre à l'ensemble de la communauté ce qui s'était passé dans ce pensionnat situé à deux pas de ses habitants, avant que tout processus de guérison et de réconciliation puisse avoir lieu. Dans le cadre de ses efforts pour rassembler les gens, il a invité des chefs, des conseils de bande, des représentants des gouvernements municipal et provincial, des agents de la GRC, des écoles et des églises, de même que des résidents autochtones et allochtones pour que tous prennent part à une série d'activités visant à faire communauté.

Le Chef Fred Robbins

Chaque enfant compte. C'est à la prochaine génération qu'il faut commencer à enseigner [...]. Nous devons commencer à bâtir un nouveau patrimoine, et ça commence au sein des communautés [...]. Les gens doivent commencer à se rassembler [...] **Tout ce que les membres des Premières Nations ont subi partout au Canada a commencé dans ces pensionnats.** *Les sévices physiques, sexuels, psychologiques, la discrimination, le génocide, la trahison – tout a commencé dans ces pensionnats.* **Et pour pouvoir avancer, nous devons le reconnaître, et c'est pourquoi nous sommes ici aujourd'hui.** *Reconnaissons-le ensemble, en tant que peuple, non pas en tant que Premières Nations et non-Premières Nations, mais en tant que peuple uni [...] c'est ainsi que nous devons le faire.*
— *Le Chef Fred Robbins, Première Nation Esk'etemc, le 17 mai 2013* [10].

La Commission de vérité et réconciliation du Canada (CVR) a été fondée le 2 juin 2008 et visait à révéler la vérité derrière les pensionnats autochtones et offrir un soutien aux survivants et à leurs familles. La CVR a été créée à partir de Convention de règlement relative aux pensionnats indiens (CRRPI), annoncée en 2006. La CRRPI était une entente entre le gouvernement canadien et les survivants des pensionnats, conclue à l'issue d'un recours collectif entamé par les survivants des pensionnats autochtones. Elle stipulait que le gouvernement devrait présenter des excuses officielles et offrir une compensation de près de deux milliards de dollars, qui a été versée aux survivants[11]. À l'époque, ce recours était reconnu comme le plus vaste programme de compensation de l'histoire canadienne.

À la suite de cette entente historique, la CVR a été créée, et le gouvernement canadien a présenté des excuses officielles pour son rôle dans l'établissement de pensionnats financés par l'État. Le 11 juin 2008, quelques jours seulement après la naissance de la CVR, le premier ministre Stephen Harper s'est levé dans Chambre des Communes pour présenter des excuses de la part du Canada à tous les survivants des pensionnats[12].

Entre 2008 et 2015, la CVR a révélé les sombres réalités des pensionnats et a accordé une tribune aux peuples autochtones afin que ceux-ci soient entendus et puissent entamer leur cheminement vers la réconciliation.

Dans sa conclusion de 2015, la CVR a lancé 94 appels à l'action pour s'engager dans le processus de réconciliation. Ceux-ci proposent une marche à suivre concrète touchant un vaste éventail de sujets, tels que l'éducation, le bien-être des enfants, la langue et la culture, la santé et le développement professionnel[13].

En 2013, la CVR s'est déplacée à Williams Lake afin de prendre part aux activités entourant le Projet de commémoration du pensionnat de la Mission Saint-Joseph, inspirés par la vision du Chef Fred Robbins pour la réconciliation. Le président de la CVR, le juge en chef Murray Sinclair, aujourd'hui sénateur, a participé aux événements et les a présidés. Ceux-ci comprenaient l'inauguration de monuments de commémoration, un projet vidéo réalisé par des jeunes, des activités éducatives, des discours de survivants et des retrouvailles pour ces derniers. C'est à cette occasion que Phyllis Webstad a raconté l'histoire de son chandail orange, ce qui a donné naissance au mouvement mondial de la Journée du chandail orange[14].

Le **Chef Fred Robbins** est d'ascendance Secwépemc (Shuswap) du nord et appartient à la Première Nation Esk'etemc (Alkali Lake). Il avait une vision pour la réconciliation qui supposait que tous se souviennent ou apprennent ce qui s'est passé au pensionnat Mission Saint-Joseph, afin que l'on puisse honorer et soutenir les survivants, et leur permettre de guérir de leurs expériences, pour en arriver par la suite à une réconciliation.

L'histoire de Phyllis (Jack) Webstad

Phyllis Webstad photographiée par Danielle Shack, DS Photography

En 2013, on a demandé à **Phyllis Webstad**, survivante de pensionnat, de témoigner dans le cadre d'une conférence de presse faisant la promotion d'événements liés à la réconciliation qui se tenaient dans sa communauté. Phyllis a eu le courage de raconter son histoire personnelle traumatique[15]. La Journée du chandail orange est née de ce discours. Phyllis Webstad travaille comme ambassadrice pour la Société du chandail orange et continue de partager son histoire dans l'espoir d'inspirer les gens à emboîter le pas vers la vérité et la réconciliation. Les efforts pionniers déployés par le Chef Fred Robbins, puis par Phyllis Webstad par la suite, ainsi que ceux de nombreuses autres personnes, ont mené à la création du mouvement de la Journée du chandail orange. Aujourd'hui, nous clamons haut et fort que « Chaque enfant compte ».

Un tipi installé pour la Journée du chandail orange, en 2015, à Calling Lake, en Alberta. Photo d'Angela Lightning.

Perlage et photo de Kristin Spray

Phyllis Webstad appartient à la Nation Secwépemc (Shuswap) du nord et à la Première Nation Stswecem'c Xget'tem (Canoe Creek/Dog Creek). En 1973, à l'âge de seulement six ans, elle s'est rendue pour la première fois au pensionnat. À son arrivée à la Mission Saint-Joseph, près de Williams Lake, en Colombie-Britannique, elle portait le beau chandail orange tout neuf que lui avait acheté sa grand-maman. Phyllis avait hâte d'aller à l'école avec son nouveau chandail, mais quand elle est arrivée sur place, on le lui a confisqué et elle ne l'a plus jamais reporté. Elle a survécu à la Mission pendant 300 dodos.

Le chandail orange en est venu à symboliser l'espoir et la réconciliation. Pour Phyllis, la couleur orange a toujours signifié qu'elle n'avait aucune importance. Aujourd'hui, elle a apprivoisé la couleur à nouveau, allant même jusqu'à s'amuser avec celle-ci. Elle représente également l'espoir que les familles et les communautés autochtones sont en train de guérir, ainsi qu'un symbole de résistance et d'engagement envers un avenir meilleur. En portant un chandail orange lors de la Journée du chandail orange, vous déclarez que les pensionnats étaient inacceptables et que CHAQUE ENFANT COMPTE.

Œuvre d'Abby Billard, élève de 7ᵉ année à l'école Harold Peterson Middle School

Le message que vous adresse Phyllis

Phyllis (Jack) Webstad

Cher lecteur, chère lectrice,

J'ai l'impression que depuis le début, tout ce « Mouvement du chandail orange » a été guidé par une main divine. Pour une raison qui m'échappe, j'ai été choisie – prête ou pas prête – pour faire ce travail. Les choses se sont simplement organisées sans que j'aie à déployer trop d'efforts. Les gens, les lieux et les événements sont tous tombés en place. Je me suis souvent demandé : Pourquoi moi ? Dès que je posais la question, je me répondais : Pourquoi pas ? Tandis que je préparais mon discours en m'interrogeant sur les raisons pour lesquelles mon histoire est si facilement acceptée, j'y ai réfléchi et j'en suis arrivée à ceci.

Alors, pourquoi mon histoire est-elle si acceptée ?
- Pour les enfants, elle est facile à comprendre.
- Les personnes non autochtones peuvent s'y reconnaître.
- Les survivants des pensionnats et leurs familles partagent la même histoire.
- Elle ouvre doucement la porte à une discussion sur un sujet difficile.
- Il est temps.

Mon histoire est facile à comprendre pour les enfants. Ils peuvent se reconnaître dans la fébrilité du magasinage de la rentrée, et ils sont en mesure de ressentir ce qu'éprouverait un enfant à qui on enlève quelque chose que ses parents lui ont acheté pour la première journée d'école.

Les personnes non autochtones ont aussi des enfants, des petits-enfants, des nièces, des neveux. Elles peuvent avoir de l'empathie et réfléchir à la façon dont elles se sentiraient si on leur arrachait soudainement leurs enfants de leurs bras et de leurs maisons, tout en restant absolument impuissantes. Elles ne peuvent même pas s'imaginer!

Mon histoire n'est pas unique. Les survivants des pensionnats et leurs familles peuvent se reconnaître dans mon histoire du chandail orange. Les pensionnats ont existé aux quatre coins du pays. On raconte à ce sujet beaucoup d'histoires (de vérités) qui doivent être entendues. Les familles des survivants sont en train d'apprendre le pourquoi de leur vie après avoir compris ce que leurs parents ou grands-parents ont traversé et comment cette expérience affecte leur existence.

Le sujet des pensionnats n'est pas un sujet agréable. J'offre mon récit d'une façon douce, de façon à ouvrir la discussion, à ouvrir la porte sur tous les aspects de cette réalité.

Et enfin, il est temps. Il est temps que nos vérités soient entendues. Il est temps que les Canadiens non autochtones découvrent l'histoire des pensionnats. La Commission de vérité et réconciliation a traversé le Canada et était en train de terminer sa tournée lorsqu'elle est venue à Williams Lake, en Colombie-Britannique. Les citoyens du pays étaient prêts à poursuivre la discussion après la fin de la Commission.

Je m'engage à continuer à faire de mon mieux pour être le visage du mouvement du Chandail orange. J'ai déjà rencontré tant de personnes merveilleuses au cours de mes voyages au Canada, et j'en conclus que notre avenir est entre bonnes mains. Les enfants des écoles primaires et secondaires comprennent bien les enjeux, et c'est la génération qui transformera notre société pour le mieux pour s'assurer que ce genre de chose ne se reproduise jamais.

Je remercie tous ceux et celles qui participent et qui portent un chandail orange à la Journée du chandail orange, qui est aussi la Journée nationale de la vérité et de la réconciliation. En portant un chandail orange, vous signifiez que vous vous souciez de ce qui nous est arrivé et que vous prenez le temps d'apprendre. Pour nous, les survivants, c'est un peu de justice qui nous est rendue de notre vivant pour ce que nous avons vécu. Nous ne sommes pas immortels, et un jour, il n'y aura plus de survivants au pays. J'espère vivement que la Journée du chandail orange continuera à être un moteur de récits bien après notre départ.

Merci de prendre le temps d'en apprendre sur mon histoire et sur la Journée du chandail orange. Je tiens à vous dire que je passe des heures et des heures sur internet à regarder des photos et des vidéos, et à lire tout ce que vous faites. J'ai toujours été une personne qui devait tout savoir, et j'ai mis du temps à comprendre que je ne pourrai jamais savoir tout ce qui se passe pendant la Journée du chandail orange. Alors Kukstemcw, merci, continuez à vous engager.

Je veux terminer en disant que je ne prétends pas représenter d'autres survivants et leurs familles, ni parler en leur nom. Je partage mon histoire et mon histoire familiale, ce qui ne reflète pas forcément les pensées, les expériences ni les perspectives de tout le monde.

All my relations.

Phyllis W.

La Société du chandail orange

La Société du chandail orange est un organisme à but non lucratif basé à Williams Lake, en Colombie-Britannique, qui est né dans la foulée des événements de 2013, et qui s'inspire de la vision de la réconciliation que promeut le Chef Fred Robbins. Le CA diversifié de la Société du chandail orange est composé de personnes dévouées à la sensibilisation sur la question des pensionnats qui soutiennent le rayonnement de la Journée du chandail orange.

Les objectifs de la Société sont les suivants :[16]
1) Soutenir les efforts de réconciliation autour des pensionnats autochtones ;
2) Sensibiliser la population aux effets néfastes et intergénérationnels des pensionnats sur les individus, les familles et les communautés par l'organisation d'activités ;
3) Sensibiliser la population au concept « Chaque enfant compte ».

Phyllis Webstad et la Société du chandail orange aimeraient saisir cette occasion pour vous remercier de votre soutien envers notre cheminement vers la vérité et la réconciliation, et envers notre démarche pour honorer les survivants des pensionnats. L'année 2023 marque le dixième anniversaire du moment où Phyllis a partagé son histoire avec le public pour la première fois, ce qui a donné lieu à la première Journée du chandail orange, en 2013.

Nous sommes ravis que vous ayez acheté ce livre et que vous preniez le temps de réfléchir aux vérités exprimées par Phyllis dans ces pages. Merci de vous sensibiliser et de nous aider à réaliser notre objectif : que ces livres se retrouvent dans toutes les classes du pays.

En atteignant cet objectif, nous nous rapprocherons de la vérité et de la réconciliation et honorerons l'ensemble des survivants des pensionnats ainsi que leurs descendants, des survivants intergénérationnels. Ce livre vise à vous transmettre un savoir que vous n'avez peut-être pas acquis dans vos cours d'histoire précédents, et servira de fondement à vos discussions futures. Les Canadiens ont l'occasion d'honorer tous les appels à l'action de la Commission de vérité et réconciliation, et ce livre permet de répondre à l'Appel à l'action n° 6 : L'éducation.

Chaque année, à la Société du chandail orange, le 30 septembre s'ouvre sur une série d'événements au pays, sous l'égide de la Journée du chandail orange. Cet élan nourrit le restant de l'année, avec des programmes et des présentations dans les écoles, dans les communautés, les organismes et les entreprises afin d'inciter les gens à réapprendre leur histoire et à œuvrer pour la vérité et la réconciliation au sein de leurs milieux d'influence respectifs. Certains de nos programmes comprennent également les projets *Orange Jersey Project*, *Healing Garden*, *Storyteller* et le programme de traverse de piétons *Every Child Matters*.

Tandis que notre 10ᵉ anniversaire approche à grands pas, nous voulons renouveler notre engagement à rayonner davantage grâce à nos programmes, qui contribuent à la guérison. S'il vous plaît, joignez-vous à nous le 30 septembre pour honorer, respecter et célébrer nos survivants.

Shannon Henderson
Présidente de la Société du chandail orange

Questions pour le chapitre 1

1) Comment peut-on arriver à la réconciliation en lien avec les pensionnats autochtones, selon ce livre ? Comment cela se produit-il ? Qui en a la responsabilité ? Et quel est le rôle que vous pouvez jouer dans ce processus ?

2) Pourquoi est-ce mieux d'employer le terme « autochtone » que le terme « indien » pour désigner les Premiers Peuples du Canada ? Quel effet pourrait avoir ce changement de terminologie sur la perception qu'on a de ces communautés ?

3) Quelle était la vision du Chef Fred Robbins ? Qui incluait-elle ?

4) Quel était le rôle de la Commission de vérité et réconciliation mise sur pied le 2 juin 2008 ?

5) Quel était l'objectif de la Commission de vérité et réconciliation ?

6) Pourquoi Stephen Harper a-t-il présenté des excuses le 11 juin 2008 ?

7) Où le Canada a-t-il présenté ses excuses aux peuples autochtones pour les pensionnats ? Pourquoi ce lieu a-t-il été choisi ?

8) Pourquoi ces excuses étaient-elles importantes pour le processus de vérité et réconciliation ?

9) Qui est Phyllis Webstad ? En quoi est-elle liée à la Journée du chandail orange ?

10) Nommez trois éléments en lien avec l'expérience de Phyllis Webstad au pensionnat.

11) Où Phyllis Webstad avait-elle pris son chandail orange ? A-t-elle pu le récupérer ?

12) Quel message diffuse-t-elle ? Pourquoi voulait-elle partager son histoire ?

13) Pourquoi la couleur orange a-t-elle été choisie pour cette journée commémorative ?

14) Quels sont les objectifs de la Société du chandail orange ? En quoi servent-ils la vérité et la réconciliation ?

15) Quel est le message principal de la Société du chandail orange? En quoi est-ce un message destiné à l'ensemble des Canadiens ?

16) La Commission de vérité et réconciliation du Canada (CVR) a lancé 94 appels à l'action afin de provoquer du changement au pays. Pourquoi pensez-vous que la CVR a employé l'expression « Appels à l'action » plutôt que « Suggestions » ? Réfléchissez à la différence entre ces deux expressions et à leur portée respective.

17) Dans la lettre que vous a adressée Phyllis Webstad, elle écrit : « En portant un chandail orange, vous signifiez que vous vous souciez de ce qui nous est arrivé et que vous prenez le temps d'apprendre. Pour nous, les survivants, c'est un peu de justice qui nous est rendue de notre vivant pour ce que nous avons vécu. » Pourquoi Phyllis dit-elle que c'est « un peu de justice » et non « toute la justice » ? Pensez-vous que c'est possible de corriger toute l'injustice qu'ont subie les peuples autochtones ?

18) Pourquoi pensez-vous que la Société du chandail orange et Phyllis Webstad nous enseignent la phrase « Chaque enfant compte ». À qui cette phrase renvoie-t-elle ?

En 2008, Stephen Harper a présenté des excuses pour le rôle qu'a joué le gouvernement canadien dans le système des pensionnats. Retrouvez la transcription de ces excuses. Pourquoi pensez-vous que le gouvernement canadien a choisi ce moment historique précis pour s'excuser ? Quelle a été la réaction des peuples autochtones ? Jusqu'à quel point pensez-vous que cela a permis de changer les choses pour les Autochtones du Canada ? Quels pourraient être les prochaines étapes d'une véritable réconciliation ?

Activité

Phyllis Webstad t'a écrit une lettre pour vous encourager et vous remercier d'avoir pris le temps de lire ce livre, d'en apprendre sur la Journée du chandail orange et de participer à la réconciliation. Maintenant, c'est à ton tour. Écris une lettre à Phyllis Webstad. Tu peux choisir de lui poser des questions ou de partager avec elle tes propres pensées.

As someone whos never faced discrimination based on my skin tone and history, its hard to fully understand how this must feel for Indigenous people. I've never had to go through this sort of suffering before but people of my colour have inflicted this pain on people countless times. It's important to me that we end the cycle of suffering for these people though I think many of these people will never get to feel free of those feelings and it upsets me that I can't do anything about that. But, growing up as someone whos part of the LGBT+ community, I understand why they would not be able to forgive and move on and Im not bothered by them feeling this way as we cannot fix all the suffering that has happened or will continue to happen. We can only truely teach love and acceptance to ourselves for the future.

Sources

1) « Journée nationale de la vérité et de la réconciliation », gouvernement du Canada, 15 novembre 2022. https://www.canada.ca/fr/patrimoine-canadien/campagnes/journee-nationale-verite-reconciliation.html, consulté le 19 octobre 2023.

2) « Indien », *The Canadian Encyclopedia*, 11 mai 2020, https://www.thecanadianencyclopedia.ca/fr/article/indian-term, consulté le 15 mai 2020.

3) « Archived - Common Terminology », *Indigenous and Northern Affairs Canada*, 11 mars 2013. https://www.aadnc-aandc.gc.ca/eng/1358879361384/1358879407462, consulté le 1er mai 2020.

4) « Terminology », *Indigenous Foundations UBC Arts*. https://indigenousfoundations.arts.ubc.ca/terminology/#rstnations, consulté le 1er mai 2020.

5) « Archived - Common Terminology », *Indigenous and Northern Affairs Canada*, 11 mars 2013. https://www.aadnc-aandc.gc.ca/eng/1358879361384/1358879407462, consulté le 1er mai 2020.

6) « Citizenship », Métis National Council. Citations tirées de R. v. Powley 2003, Cour suprême du Canada, https://www.metisnation.ca/about/citizenship, consulté le 16 novembre 2022.

7) Williams Lake Band. https://williamslakeband.ca/, consulté le 30 avril 2020.

8) Daniel Schwartz, « Truth and Reconciliation Commission: By the Numbers », CBC News, https://www.cbc.ca/news/indigenous/truth-and-reconciliation-commission-by-the-numbers-1.3096185, 3 juin 2015, consulté le 1er mai 2020.
John Paul Tasker, « Residential Schools Findings Point to "Cultural Genocide", commission chair says, » CBC News, https://www.cbc.ca/news/politics/residential-schools-ndings-point-to-cultural-genocide-commission-chair-says-1.3093580, 15 mai 2015, consulté le 30 mars 2020.
« "This is heavy truth" : Tk'emlúps te Secwépemc chief says more to be done to identify unmarked graves », CBC News, https://www.cbc.ca/news/canada/british-columbia/kamloops-residential-school-findings-1.6084185, consulté le 30 novembre 2022.

9) Harold Tarbell, document « St. Joseph's Mission Residential School Commemoration Project. Remembering, Recovering, and Reconciling », Williams Lake, Tarbell Facilitation Network, 2013.

10) « Chief Fred Robbins Speech », inauguration du monument Boitanio Park. Les événements du Commemoration Project. Filmé par John Dell. Signal Point Media, 2013. DVD.

11) « A Timeline of Residential Schools, the Truth and Reconciliation Commission », CBC News, https://www.cbc.ca/news/canada/a-timeline-of-residential-schools-the-truth-and-reconciliation-commission-1.724434, 16 mai 2008, consulté le 1er décembre 2019.

12) « Government Apology to Former Students of Indian Residential Schools », *The Canadian Encyclopedia*, https://thecanadianencyclopedia.ca/en/article/government-apology-to-former-students-of-indian-residential-schools, 15 avril 2015, consulté le 30 avril 2020.
« Pensionnat », Commission de vérité et réconciliation. http://www.trc.ca/about-us.html, consulté le 15 octobre 2019.

13) « Commission de vérité et réconciliation du Canada : Appels à l'action », Commission de vérité et réconciliation du Canada, 2015. https://nctr.ca/wp-content/uploads/2021/04/4-Appels_a_l-Action_French.pdf, consulté le 1er février, 2020.

14) Harold Tarbell, document « St. Joseph's Mission Residential School Commemoration Project. Remembering, Recovering, and Reconciling », Williams Lake, Tarbell Facilitation Network, 2013.

15) Harold Tarbell, document « St. Joseph's Mission Residential School Commemoration Project. Remembering, Recovering, and Reconciling », Williams Lake, Tarbell Facilitation Network, 2013.

16) « Orange Shirt Society », Orange Shirt Day, https://www.orangeshirtday.org/orange-shirt-society.html, consulté le 1er mai 2020.

Vue du pensionnat de la Mission Saint-Joseph, à Williams Lake, en Colombie-Britannique. C'est le pensionnat qu'a fréquenté Phyllis Webstad. Photo de Dave Abbott.

2 La mise en scène
Aux pensionnats

Afin de comprendre l'importance de la Journée du chandail orange, il faut retourner au commencement pour s'instruire sur les événements qui ont mené à la création des **Pensionnats indiens** au Canada. En comprenant les erreurs commises par les gouvernements du passé et par d'autres au fil de l'histoire, nous pouvons les empêcher de se reproduire.

La Journée du chandail orange sert à s'assurer que tous comprennent les conséquences du système des pensionnats. Tous doivent reconnaître que ce système et les événements qui se sont produits au sein de celui-ci étaient mauvais, et sentir qu'il est dans leur pouvoir d'empêcher que ces erreurs ne se reproduisent.

Avant de commencer à parler des pensionnats et de leurs effets, il faut savoir plusieurs choses. Commençons au commencement, avant le contact entre Européens et Autochtones.

Pensionnats indiens (aussi appelés « écoles industrielles »)
« Au Canada, les pensionnats indiens remontent aux années 1870. Plus de 130 pensionnats ont été établis un peu partout au pays et le dernier a fermé ses portes en 1996. Financés par le gouvernement et administrés par les églises, ils ont été mis sur pied pour empêcher les parents autochtones de participer au développement spirituel, culturel et intellectuel de leurs enfants. Pendant cette période, plus de 150 000 enfants métis, inuits et de Premières Nations ont été placés dans ces écoles, souvent contre la volonté de leurs parents. Bon nombre d'entre eux n'avaient pas le droit de parler leur langue ni de pratiquer leur culture. Même si l'on estime à environ 80 000 le nombre d'anciens élèves encore en vie aujourd'hui, l'impact continu des pensionnats a été ressenti à travers les générations et a contribué aux problèmes sociaux qui persistent encore de nos jours[1]. » La CVR n'évoque que les pensionnats gérés par le gouvernement canadien. Il y avait d'autres pensionnats et écoles de jour partout au pays dès 1620, gérés par des églises et d'autres organisations[2].

La société autochtone avant le contact

Longtemps avant l'arrivée des Européens, les Autochtones vivaient dans ce qu'on appelle aujourd'hui l'Amérique du Nord. Toutes ces cultures étaient uniques, mais partageaient une vision du monde comparable. Les communautés autochtones avaient leurs propres histoires orales, ainsi que des lois et des mœurs en commun.

> *« **Historiquement, tous les peuples autochtones d'Amérique du Nord formaient des sociétés dynamiques et prospères. Ces sociétés se distinguaient par leur langue, leur histoire, leur culture, leur spiritualité, leurs technologies et leurs valeurs**. Leur sécurité et leur survie étaient tributaires de la transmission de cet héritage culturel d'une génération à la suivante. Les peuples autochtones assuraient cette transmission à la faveur d'un ensemble homogène d'enseignements, de cérémonies et d'activités quotidiennes. Les enseignements autochtones traditionnels décrivaient un monde formant un tout cohérent et interrelié. »*

Alicia Mae Cardinal interprète la danse libre du châle des femmes vêtue d'une robe et d'un châle orange au pow-wow 2019 de Kamloops, en Colombie-Britannique. Photo de Peter Olson, Olson Imaging.

La colonisation au Canada

Tandis que les Européens commençaient à explorer et à __coloniser__ cette région du monde, les communautés autochtones ont commencé à se sentir menacées[4]. Le gouvernement et les nouveaux colons souhaitaient s'installer sur leurs terres, mais les Premières Nations, avec raison, refusaient de quitter leurs territoires traditionnels. Le gouvernement et les nouveaux colons ont alors commencé à faire preuve de cruauté envers les Autochtones.

En s'installant au Canada, les immigrants européens ont apporté avec eux plusieurs maladies qui ont eu des conséquences désastreuses chez les Autochtones, qui n'étaient pas immunisés contre celles-ci[5]. En 1862, une épidémie de variole s'est déclenchée à Victoria, puis s'est répandue aux communautés autochtones partout en Colombie-Britannique, provoquant la mort de près de la moitié de la population autochtone de la province, dont les terres étaient désormais plus faciles à coloniser[6]. Les autorités de la province auraient pu agir pour prévenir l'épidémie, mais ont choisi de ne rien faire, ce qui a mené à la mort de milliers d'Autochtones en Colombie-Britannique, un geste désormais considéré comme un génocide[7].

Des années plus tard, la Loi sur les Indiens a été mise sur pied pour tenter de continuer à décimer les populations autochtones, leurs cultures et leurs traditions.

Œuvre de Lauren Nichols, élève de 12e année.

__Coloniser__, c'est tenter de prendre le contrôle d'un territoire étranger en imposant de force son gouvernement et sa culture.

La Loi sur les Indiens

En 1876, le gouvernement canadien a adopté la **<u>Loi sur les Indiens</u>**. L'objectif était de contrôler, de marginaliser et d'opprimer les peuples autochtones[8].

La Loi sur les Indiens donnait au gouvernement un pouvoir politique qui lui permettait de contrôler la population autochtone en régissant ses langues, ses traditions, ses coutumes et ses territoires. Les Autochtones devaient s'inscrire auprès de l'État et même vivre sur des terres allouées par celui-ci.

La Loi sur les Indiens était promulguée par le Département des Affaires indiennes et du Nord canadien. On embauchait des agents indiens pour s'assurer que les Autochtones, complètement privés de leurs libertés, obéissent à la loi. La Loi sur les Indiens est toujours en vigueur.

> « [...] la Loi sur les Indiens [...] refondait toutes les lois régissant les Indiens du Canada. La loi à la fois définissait le statut d'Indien conformément à la loi canadienne et établissait le processus au terme duquel les détenteurs de ce statut allaient cesser d'être des Indiens. ***Elle conférait au gouvernement canadien la responsabilité de régir la gouvernance, l'économie, la vie religieuse, les terres, l'éducation et même la vie personnelle des Autochtones.*** Elle donnait au Cabinet fédéral le pouvoir de déposer les chefs et de renverser les décisions des <u>bandes</u>—pouvoir dont s'est servi le gouvernement pour avoir la main mise sur les gouvernements des bandes. [...] Des dispositions de la Loi sur les Indiens interdisaient aux Indiens de participer à certaines cérémonies sacrées telles que la cérémonie du potlatch sur la côte ouest et celle de la danse du soleil dans les Prairies. Les Indiens ne pouvaient pas posséder de terres dans les réserves à titre individuel [...]. ***La loi imposait de nouvelles restrictions aux droits de chasse autochtones. Si une ville avait besoin de mettre la main sur les terres dans les réserves pour poursuivre son expansion, le gouvernement avait le pouvoir de déplacer les bandes***[9]. »

La **<u>Loi sur les Indiens</u>** est une loi fédérale canadienne adoptée en 1876 qui permet au gouvernement d'avoir une mainmise sur les peuples autochtones et les terres des réserves. L'objectif de la Loi sur les Indiens était de contrôler, de marginaliser et d'opprimer les peuples autochtones[10].

<u>Une bande</u>, ou « bande indienne », est une unité d'administration d'Indiens au Canada instaurée par la Loi sur les Indiens, en 1876. La Loi sur les Indiens définit la « bande » comme un « groupe d'Indiens »[11].

Territoires volés

L'adoption de la Loi sur les Indiens a bouleversé la vie des peuples autochtones de toutes sortes de manières, notamment en leur faisant perdre le droit de chasser et de célébrer des cérémonies traditionnelles, ainsi qu'en implantant une autorité étatique sur les communautés autochtones[12]. Le gouvernement voulait des terres et des ressources. Il considérait les Autochtones comme un obstacle à leur obtention. Leurs territoires ont donc été saisis, et des réserves ont été installées sur des terres arides et infertiles, confinant la plupart des communautés à des lieux fixes[13].

Agents indiens

Les **agents indiens** étaient des administrateurs ou des représentants du gouvernement canadien qui exerçaient une autorité sur les peuples autochtones et les terres des réserves[14]. Comme l'explique Phyllis Webstad, « les agents indiens avait plus de pouvoir que les chefs et les matriarches[15] ».

Œuvre de Brock Nicol tirée du livre jeunesse de Phyllis Webstad, *L'histoire du chandail orange*

La Gendarmerie royale du Canada

La gendarmerie royale du Canada a joué un rôle dans le système des pensionnats en répondant aux nombreuses demandes des agents indiens et du département des Affaires indiennes dans leurs velléités d'appliquer la loi. Parmi ces requêtes, il y avait la récupération des enfants qui s'étaient enfuis des pensionnats et la distribution d'amendes aux familles qui n'y envoyaient pas leurs enfants[16].

La création du système des pensionnats

Quand les enfants autochtones vivaient au sein de leur communauté, avant la création du système des pensionnats, les familles autochtones étaient en mesure de leur transmettre leurs coutumes culturelles. En 1879, John A. Macdonald a déclaré : « On m'a fortement recommandé que les enfants indiens devraient être retirés le plus rapidement possible de l'influence parentale, et la seule façon de le faire serait de les envoyer dans des écoles industrielles centrales de formation où ils acquerront les habitudes et modes de pensée des hommes blancs[17]. »

John A. Macdonald voulait retirer les enfants de leurs familles pour les assimiler à une culture de type européen. « En 1883, [il] faisait adopter par le Cabinet une mesure autorisant la création dans l'Ouest canadien de trois pensionnats destinés à accueillir les enfants autochtones [...]. Les écoles implantées avant 1883 ne constituaient cependant pas un réseau, elles étaient l'aboutissement d'initiatives prises par les Églises [...] Cette année-là, la décision prise par le gouvernement fédéral d'ouvrir trois nouvelles écoles dans les Prairies [...] marquait la création du réseau des pensionnats indiens du Canada[18] ».

Le premier pensionnat canadien s'appelait le Mohawk Institute. Le voici en 1943. L'édifice d'origine a brûlé dans les années 1850, tout comme, en 1903, celui qui l'a remplacé. La structure que l'on voit sur l'image a accueilli le Mohawk Institute de 1904 à 1970, année de sa fermeture. Photo gracieuseté du Shingwauk Residential Schools Centre of Algoma University.

John A. Macdonald « Comme il est à la fois premier ministre et surintendant général des Affaires indiennes, John A. Macdonald est responsable des politiques du gouvernement fédéral envers les peuples autochtones. Ceci comprend la mise en œuvre des pensionnats autochtones [...] ainsi que les mesures de plus en plus répressives contre les peuples autochtones dans l'Ouest[19]. »

En 1920, le gouvernement canadien a modifié la Loi sur les Indiens pour « obliger les enfants d'âge scolaire à fréquenter l'école[20] ». Les enfants autochtones devaient désormais aller au pensionnat qu'ils le veuillent ou non. En 1883, il y avait trois pensionnats financés par l'État. En 1931, il y en avait 80 partout au pays. Duncan Campbell Scott, qui a succédé à John A. Macdonald au ministère des Affaires indiennes, a annoncé : « Je veux me débarrasser du problème autochtone. […] Notre objectif est de continuer jusqu'à ce qu'il n'y ait plus un seul Autochtone au Canada qui n'ait pas été assimilé dans le corps politique, qu'il n'y ait plus de question autochtone ni de ministère des Affaires indiennes[21] […]. »

Les pensionnats étaient une façon d'effacer les peuples autochtones, leurs cultures et leurs traditions du Canada. Dans la première moitié du xxe siècle, on assiste à une croissance importante du nombre de pensionnats. De plus en plus d'enfants sont arrachés à leur famille et à leur communauté.

» *[…] [C]eux d'entre vous qui s'intéressent à l'histoire des pensionnats doivent comprendre quelque chose de très important : il ne s'agit pas que de pensionnats. **Ils [le gouvernement canadien] nous ont enlevé nos enfants et les ont placés dans les écoles pour les endoctriner** […] puis ils sont allés détruire les villages. Ils ont miné notre autorité, ils ont enlevé le pouvoir aux Chefs, aux femmes, à notre culture, ils ont interdit les cérémonies, les rassemblements, toutes les choses qui font qu'une société tient ensemble. **Comme l'ont fait remarquer de nombreux survivants, ils nous ont pris notre pouvoir. Ils nous ont enlevé le pouvoir d'être qui nous étions censé être.*** **»**

— Le sénateur Murray Sinclair, Président de la Commission de vérité et réconciliation du Canada[22]

Le sénateur Murray Sinclair présentant une conférence sur la réconciliation à King's University le 26 septembre 2019. Photo prise par Michael Swan, du *Catholic Register*.

Le gouvernement canadien a mené à bien une entreprise intentionnelle et systématique de colonisation du territoire en le vidant de toute trace des peuples autochtones et de leurs pratiques culturelles[23]. Le sénateur Murray Sinclair, Président de la Commission de vérité et réconciliation a décrit cette entreprise comme un **génocide** culturel en présentant le rapport de la Commission[24].

Comprendre et apprendre l'histoire des événements survenus avant, pendant et après les pensionnats est crucial pour parvenir à la réconciliation. Sans savoir ce qui s'est passé et comment, il est impossible de provoquer le changement. En s'éduquant sur l'adoption de la Loi sur les Indiens, les événements horribles qui en ont découlé et la mise sur pied de pensionnats financés par l'État, vous pourrez entreprendre le parcours nécessaire pour devenir un véritable agent de changement.

Vue extérieure du pensionnat de la Mission Saint-Joseph (également connu sous le nom Williams Lake Indian School). Année inconnue. Photo gracieuseté du Fonds Deschâtelets, Archives Deschâtelets-NDC.

Le **génocide** « s'entend de l'un quelconque des actes ci-après, commis dans l'intention de détruire, ou tout ou en partie, un groupe national, ethnique, racial ou religieux, comme tel : meurtre de membres du groupe; atteinte grave à l'intégrité physique ou mentale de membres du groupe; Soumission intentionnelle du groupe à des conditions d'existence devant entraîner sa destruction physique totale ou partielle; Mesures visant à entraver les naissances au sein du groupe; Transfert forcé d'enfants du groupe à un autre groupe[25] ».

Questions pour le chapitre 2

1) Avant le contact européen avec les peuples autochtones, à quoi ressemblait la vie des Autochtones qui vivaient sur le territoire désormais connu sous le nom d'Amérique du Nord ?

2) Quelles conséquences a eu la colonisation européenne sur les communautés autochtones ? Donnez quelques exemples de conséquences et pourquoi il faut les aborder avant de pouvoir en arriver à une réconciliation.

3) Pourquoi les immigrants européens ont-ils moins souffert que les Autochtones des maladies qu'ils ont amenées au Canada ?

4) Pourquoi peut-on considérer comme un acte de génocide le fait que les autorités ont choisi de ne pas enrayer la propagation de la variole qui a provoqué la mort de milliers d'Autochtones en Colombie-Britannique ? Quel est votre point de vue sur la question ?

5) Quel était l'objectif de la Loi sur les Indiens, adoptée en 1876 ? Sur quels aspects de la vie des Autochtones cette loi permettait-elle d'exercer un contrôle ?

6) Les perspectives de John A. Macdonald et d'autres personnes en position de pouvoir ont eu un effet durable sur les dispositions de la Loi sur les Indiens. Dans quelle mesure et de quelles manières cela a-t-il influencé la vie des Autochtones du Canada ?

7) Qu'est-ce que le système des réserves canadiennes ? Quel était son objectif ? Comment a-t-il divisé les peuples autochtones ?

8) Quels rôles les agents indiens et la GRC ont-ils joué dans le système des pensionnats et pour faire respecter les autres dispositions de la Loi sur les Indiens ? Comment cela pourrait-il influencer leurs rapports avec les Autochtones aujourd'hui ?

9) En 1883, John A. Macdonald a pris une décision qui a eu un effet retentissant sur les enfants autochtones et leurs familles. Quelle était cette décision ?

10) Quel changement le gouvernement canadien a-t-il apporté à la Loi sur les Indiens en 1920 ? Quel était l'objectif de ce changement ? Quelles en ont été les conséquences sur les enfants et les familles autochtones ?

11) Qu'a dit Duncan Campbell Scott sur le « problème indien » ? Que pensez-vous de cette affirmation et quel effet pensez-vous qu'elle a eue ?

12) Qu'a affirmé le Sénateur Murray Sinclair au sujet des pensionnats ? Qu'en pensez-vous et pourquoi ?

13) En 1931, combien de pensionnats financés par l'État existaient au Canada ? Pourquoi pensez-vous que c'est important d'en connaître le nombre ?

14) Sur la base de ce que vous avez appris jusqu'à présent, pensez-vous qu'un génocide s'est produit au Canada ? Si oui, dans quelle mesure cela a-t-il un effet sur les Canadiens aujourd'hui, et pourquoi tous les citoyens du pays devraient-ils s'engager sur la voie de la vérité et de la réconciliation ?

15) La Loi sur les Indiens a été conçue pour contrôler, marginaliser et opprimer les peuples autochtones. À votre avis, comment les personnes qui ont créé cette loi percevaient les Autochtones, à l'époque ? Développez votre pensée.

16) En 1920, les enfants autochtones étaient forcés d'entrer dans le système des pensionnats par le gouvernement canadien. Dans quelle mesure et de quelles manières pensez-vous que cela a influencé la vie des enfants, des familles et des communautés autochtones ?

17) La société du chandail orange considère que pour que la réconciliation soit possible, chacun doit avoir une connaissance approfondie de l'histoire canadienne et autochtone avant, pendant et après le système des pensionnats. Pourquoi pensez-vous qu'il est important de comprendre cette histoire et d'en parler pour parvenir à la réconciliation ?

18) En 1885, Sir John A. Macdonald a affirmé dans la Chambre des communes: « Nous cajolons trop les Indiens ; il faut s'engager sur une nouvelle loi, revendiquer le statut de l'homme blanc, leur montrer ce que signifie la loi ; il ne faut pas les paupériser, comme ils prétendent que nous le faisons[26]. » Réagissez à l'affirmation de Macdonald à partir de ce que vous avez appris. Dans quelle mesure pensez-vous que celle-ci influence encore aujourd'hui les rapports entre les Autochtones et les autres Canadiens ?

1) Trouvez le texte de la Loi sur les Indiens. Comment celle-ci influence-t-elle encore la vie des Autochtones du Canada ? Qu'est-ce qui est le plus marquant, pour vous, dans la Loi sur les Indiens actuelle ? Expliquez en détail votre compréhension de ses effets sur la vie des Autochtones au Canada aujourd'hui.

2) Quels sont les systèmes de gouvernance traditionnels dans les communautés autochtones ? Comment fonctionnent-ils ? Quelle est le rôle d'un chef ou d'une matriarche dans certaines communautés ? Veuillez noter qu'il a une variété et une diversité de cultures, ce qui se reflète dans la variété des systèmes de gouvernance. Dans votre recherche, assurez-vous d'honorer des peuples et des cultures précis.

Chronologie

Complétez la chronologie suivante. Au besoin, servez-vous du livre et de vos propres recherches.

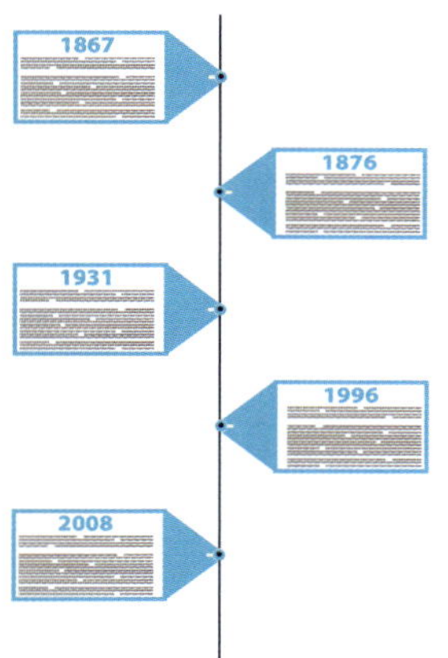

Dates :
1867, 2008, 1883, xviie siècle, 1876, 1996, 1931, 1920

Événements :
*   Établissement des premiers pensionnats non financés par l'État
*   Le Canada devient un pays
*   La Loi sur les Indiens est adoptée
*   Le système des pensionnats reçoit le financement de l'État
*   La Loi sur les Indiens est amendée pour contraindre les enfants autochtones à fréquenter les pensionnats
*   À cette époque, il y a 80 pensionnats financés par l'État
*   Le dernier pensionnat financé par l'État est fermé
*   Le gouvernement canadien présente des excuses aux Autochtones pour le rôle qu'il a joué dans le système des pensionnats

Sources

1) « Pensionnat », Commission de vérité et réconciliation. https://nctr.ca/a-propos/histoire-de-la-cvr/site-web-de-la-cvr/?lang=fr, consulté le 15 octobre 2020.
2) La Commission de vérité et réconciliation du Canada, *Ils sont venus pour les enfants*, Manitoba, Bibliothèque et Archives Canada, 2012, p. 5.
3) La Commission de vérité et réconciliation du Canada. *Ils sont venus pour les enfants*, Manitoba, Bibliothèque et Archives Canada, 2012, p. 7.
4) « Histoire autochtone au Canada », Affaires autochtones et du Nord Canada, le 15 août 2018, https://www.canada.ca/fr/affaires-autochtones-nord.html, consulté le 1er février 2020.
5) « The Impacts of Smallpox on First Nations on the West Coast », *Indigenous Corporate Training*, 17 avril 2017. https://www.ictinc.ca/blog/the-impact-of-smallpox-on-rst-nations-on-the-west-coast, consulté le 1er mai 2020.
6) « La variole au Canada », *L'Encyclopédie canadienne*, 12 février 2020. https://www.thecanadianencyclopedia.ca/fr/article/variole, consulté le 28 mai 2020.
7) « How a smallpox epidemic forged modern British Columbia », *Maclean's*, 1er août 2017, https://www.macleans.ca/news/canada/how-a-smallpox-epidemic-forged-modern-british-columbia, consulté le 22 novembre 2022.
8) La Commission de vérité et réconciliation du Canada. *Ils sont venus pour les enfants*, Manitoba, Bibliothèque et Archives Canada, 2012, p. 18.
9) La Commission de vérité et réconciliation du Canada. *Ils sont venus pour les enfants*, Manitoba, Bibliothèque et Archives Canada, 2012, p. 11.
10) « Bands », *Indigenous Foundations UBC Arts*, https://indigenousfoundations.arts.ubc.ca/bands, consulté le 25 mai 2020.
11) « Réserves au Canada », *L'Encyclopédie canadienne*, 12 juillet 2018, https://www.thecanadianencyclopedia.ca/fr/article/reserves-2, consulté le 28 mai 2020.
12) « Pensionnats du Canada : L'histoire, partie 1 des origines à 1939 », Commission de vérité et réconciliation du Canada, 2015, https://publications.gc.ca/collections/collection_2015/trc/IR4-9-1-1-2015-fra.pdf, consulté le 30 mai 2020, p. 3.
13) « Délégués indiens au Canada », *L'Encyclopédie canadienne*, 25 octobre 2018, https://www.thecanadianencyclopedia.ca/en/article/indian-agents-in-canada, consulté le 28 mai 2020.
14) Phyllis Webstad, entretien privé, janvier 2020.
15) Marcel-Eugéne LeBeuf, « The Role of the Royal Canadian Mounted Police During the Indian Residential School System », gouvernement du Canada, 3 avril 2013, www.publications.gc.ca/pub?id=9.651577&sl=1, consulté le 30 avril 2020.
16) « 10 Quotes John A. Macdonald Made About First Nations », *Indigenous Corporate Training*, 28 juin 2016, https://www.ictinc.ca/blog/10-quotes-john-a.-macdonald-made-about-rst-nations, consulté le 28 mai 2020.
17) La Commission de vérité et réconciliation du Canada, *Ils sont venus pour les enfants*, Manitoba, Bibliothèque et Archives Canada, 2012, p. 5-6.
18) « Sir John A Macdonald », *L'Encyclopédie canadienne*, https://www.thecanadianencyclopedia.ca/fr/article/sir-john-a-macdonald, consulté le 30 novembre 2022
19) La Commission de vérité et réconciliation du Canada, *Ils sont venus pour les enfants*, Manitoba, Bibliothèque et Archives Canada, 2012, p. 12.
20) « Indian Residential Schools and Reconciliation: 1920-1927 Indian Act Becomes More Restrictive », *First Nations Education Steering Committee*, http://www.fnesc.ca/wp/wp-content/uploads/2015/07/IRSR11-12-DE-1920-1927.pdf, consulté le 28 mai 2020.
21) « 10 Quotes John A. Macdonald Made About First Nations », *Indigenous Corporate Training*, 28 juin 2016, https://www.ictinc.ca/blog/10-quotes-john-a.-macdonald-made-about-rst-nations, consulté le 28 mai 2020.
22) « Justice and Federal Commissioner Murray Sinclair Speech », Commission de vérité et réconciliation, *The Commemoration Project Events*, tourné par John Dell, Signal Point Media, 2013, DVD.
23) « Pensionnats du Canada : L'histoire, partie 1 des origines à 1939 », Commission de vérité et réconciliation du Canada, 2015, https://publications.gc.ca/collections/collection_2015/trc/IR4-9-1-1-2015-fra.pdf, consulté le 30 mai 2020, p. 4.
24) John Paul Tasker, « Residential Schools Finding Point to "Cultural Genocide," Commission Chair Says », *CBC News*, 30 mai 2015, https://www.cbc.ca/news/politics/residential-schools-ndings-point-to-cultural-genocide-commission-chair-says-1.3093580, consulté le 15 janvier 2020.
25) « Génocide », Bureau de la prévention du génocide et de la responsabilité de protéger, Nations unies, https://www.un.org/fr/genocideprevention, consulté le 15 février 2020.
26) « 10 Quotes John A. Macdonald Made About First Nations », *Indigenous Corporate Training*, 28 juin 2016, https://www.ictinc.ca/blog/10-quotes-john-a.-macdonald-made-about-rst-nations, consulté le 28 mai 2020.

Œuvre de Mikayla Schreiner, élève de 11ᵉ année, inspirée par la Journée du chandail orange

CHAPITRE 3

Les conséquences des pensionnats
sur les peuples autochtones

Afin d'entreprendre le processus de vérité et de réconciliation, il est essentiel de connaître la vérité sur ce que les Autochtones ont vécu dans les pensionnats, sur les effets à long terme et sur la responsabilité personnelle de chacun dans le travail de réconciliation.

On estime qu'environ 150 000 enfants autochtones ont fréquenté les pensionnats financés par l'État[1]. Au moins 6000 de ces enfants sont morts dans les pensionnats pour une panoplie de raisons, notamment les abus, l'entassement, la sous-alimentation, la négligence, les maladies et les tentatives de fuite[2]. Au Canada et aux États-Unis, des démarches ont été entreprises pour sensibiliser la population au sort de ces enfants dont on découvre actuellement les dépouilles enterrées dans des fosses communes sur les sites des pensionnats, les honorer, et dans certains cas récupérer leurs corps[3]. Ces pensionnats gouvernementaux ont été actifs entre 1883 et 1996. En date de 2015, on estime à environ 80 000 le nombre de survivants des pensionnats[4].

La vision de la réconciliation du chef Fred Robbins exige que tous comprennent la vérité de ce qui s'est produit dans les pensionnats, et que celle-ci soit enseignée dans les écoles. Quand tout le monde reconnaît et comprend les conséquences des pensionnats, il devient possible de concilier nos différences et de trouver ensemble une voie vers un avenir meilleur.

Il est important de se rappeler que chaque survivant du pensionnat a sa propre expérience personnelle, mais qu'il y a aussi des traits communs qui traversent les récits de tous les survivants.

Les lieux

Plusieurs des pensionnats étaient situés dans des lieux isolés dans l'ensemble des territoires canadiens. Retirer les enfants à leurs parents était une stratégie délibérée de la part du gouvernement pour les soustraire à leurs influences culturelles.

> « Lorsque l'école est sur la réserve, **l'enfant vit avec ses parents, qui sont sauvages ; il est entouré de sauvages**, et bien qu'il puisse apprendre à lire et écrire, ses habitudes, son éducation domestique, et ses façons de penser, restent celles des sauvages. »

— John A. Macdonald[5]

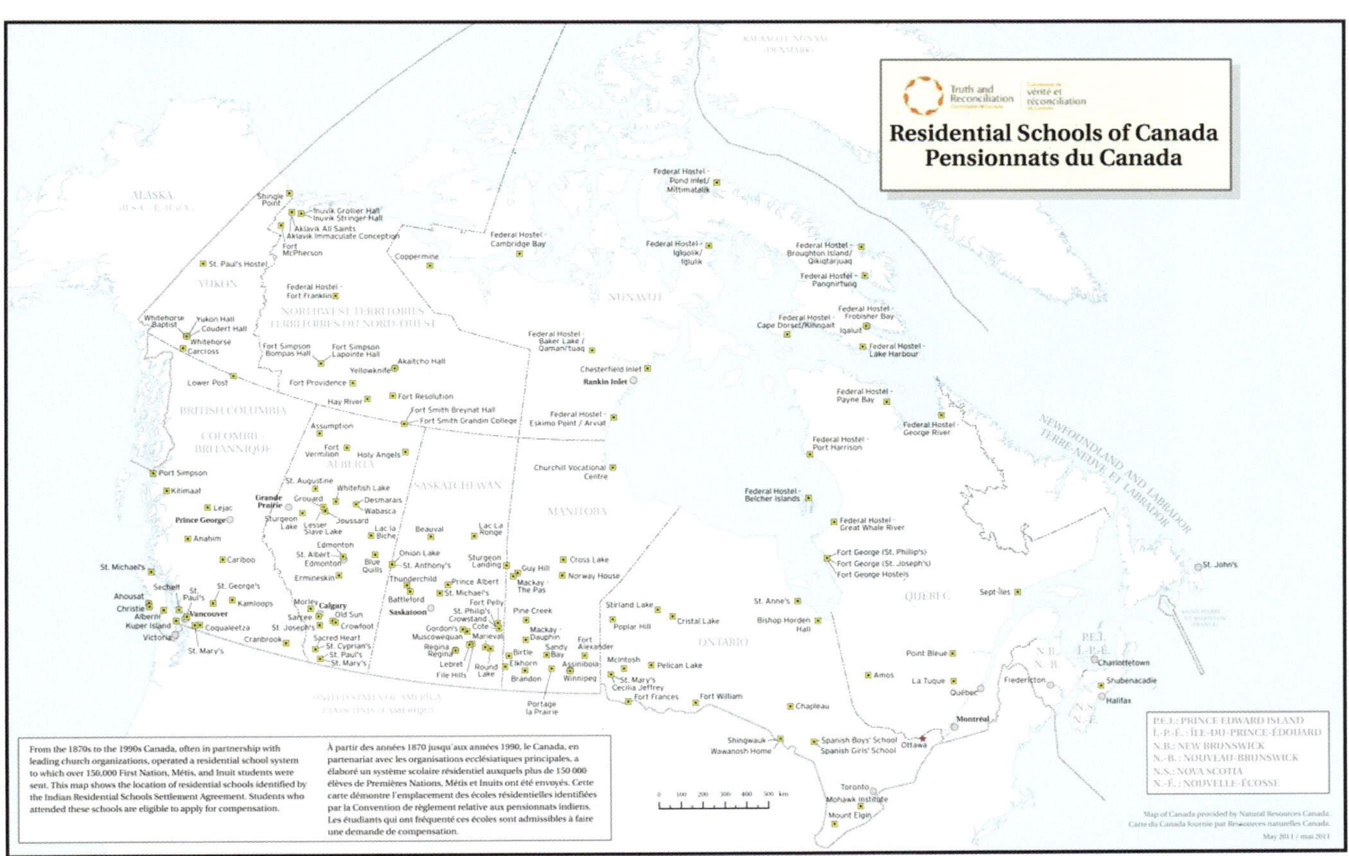

Carte de la Commission de vérité et réconciliation indiquant seulement les pensionnats financés par le gouvernement canadien.

En 1920, la Loi sur les Indiens a été amendée pour contraindre tous les enfants autochtones à fréquenter les pensionnats[6]. Les familles n'avaient pas le choix, et le gouvernement canadien a forcé les enfants, dès l'âge de quatre ans, à quitter leurs parents et leurs proches pour se rendre au pensionnat. Les enfants étaient isolés et privés de leur famille, de leur culture, de leur langue, de leur communauté et de leur sécurité.

Phyllis Webstad et sa tante, Agness Jack, à la première activité de la Journée du chandail orange, à Williams Lake, en 2013. Photo prise par Monica Lamb-Yorksi, du Williams Lake Tribune.

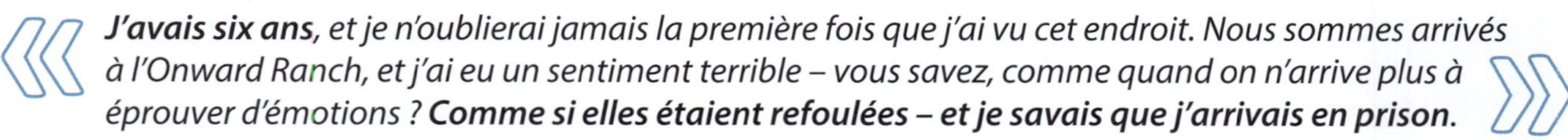

> *J'avais six ans*, *et je n'oublierai jamais la première fois que j'ai vu cet endroit. Nous sommes arrivés à l'Onward Ranch, et j'ai eu un sentiment terrible – vous savez, comme quand on n'arrive plus à éprouver d'émotions ?* **Comme si elles étaient refoulées – et je savais que j'arrivais en prison.**

— Agness Jack, tante de Phyllis Webstad et survivante du pensionnat[7]

Le jeune garçon nommé Thomas Moore est photographié avant et après son admission à l'école industrielle de Regina en mai 1874.
Cette photo est une gracieuseté de Bibliothèque et Archives Canada et du rapport annuel du ministère des Affaires indiennes., 1896/OCLC 177148.

L'arrivée au pensionnat

L'arrivée au pensionnat a été traumatique et difficile pour beaucoup d'enfants.

> *L'assaut contre l'identité autochtone était lancé dès que l'enfant passait le seuil de l'école. […]*
> *Les cheveux nattés, qui souvent revêtaient une signification spirituelle particulière, étaient*
> *coupés*[8].

Lorsque les enfants arrivaient au pensionnat, on leur coupait les cheveux et on leur retirait leurs vêtements. Les survivants se rappellent avoir été lavés avec des produits chimiques corrosifs à leur arrivée. Dans certains cas, on donnait un numéro aux enfants et on les appelait par celui-ci au lieu de leur prénom. Certains rapportent avoir reçu des noms différents.

Couper les cheveux des enfants et leur enlever leur nom et leurs vêtements était la première étape pour les priver de leur identité et de leur dignité.

La vie au pensionnat

La vie au pensionnat était traumatique et réglée au quart de tour. Les journées étaient remplies de corvées et de leçons religieuses. Beaucoup d'enfants ont vécu des sévices émotionnels, physiques et sexuels inimaginables, ce qui causé des traumatismes dont ils n'ont jamais pu guérir faute de possibilités et de ressources. Les pensionnats gardaient les enfants pendant la majeure partie de l'année et ne leur offraient qu'une éducation très sommaire[9]. Dans les pensionnats, les élèves devaient apprendre à faire le ménage et à pratiquer un métier manuel. En fin de compte, ces compétences servaient à entretenir les écoles et leurs commerces avec de la main d'œuvre gratuite[10].

Les élèves étaient sévèrement punis dès qu'ils parlaient leur langue. En raison du manque de fonds, de la surpopulation et de la négligence, « les pensionnats ne pouvaient ni enseigner aux enfants ni en prendre soin[11] ».

Vue des dortoirs du pensionnat de la Mission Saint-Joseph (aussi connu sous le nom de Williams Lake Indian School), où les enfants font leur prière. Année inconnue. Photo gracieuseté du Fonds Deschâtelets, Archives Deschâtelets-NDC.

Vue de l'intérieur de la chapelle au pensionnat de la Mission Saint-Joseph
(aussi connu sous le nom de Williams Lake Indian School). Année inconnue.
Photo gracieuseté du Fonds Deschâtelets, Archives Deschâtelets-NDC.

L'influence religieuse au pensionnat

Les pensionnats canadiens étaient gérés et entretenus par plusieurs groupes religieux, notamment les Églises anglicane, baptiste, catholique, mennonite, non-confessionnelle, presbytérienne et unie. Le gouvernement du Canada et ces Églises voulaient non seulement que les peuples autochtones adoptent les valeurs coloniales et occidentales, mais aussi qu'ils deviennent plus chrétiens. Le personnel des pensionnats comprenait des membres de ces groupes religieux et de ces Églises qui forçaient les élèves à ravaler leurs propres croyances et à adopter les valeurs chrétiennes, ce qui est une forme d'abus spirituel. Leur objectif était de « civiliser et christianiser » les élèves[12]. Plusieurs de ces leaders religieux ont abusé des enfants émotionnellement, physiquement et sexuellement, ce qui a provoqué un traumatisme qui s'est prolongé toute leur vie durant et qui a plus tard été transmis à d'autres membres de leur famille et aux générations suivantes.

> *« **Étant donné que les bases du réseau avaient été mises en place par les sociétés missionnaires, les Églises accueillirent ce partenariat avec enthousiasme.** Pendant la majeure partie de l'histoire du réseau, ce sont les Églises qui ont assuré l'administration quotidienne des écoles. [...] Cette croyance [en l'Église] leur fournissait une justification pour saper l'autorité des chefs spirituels traditionnels (qui étaient traités comme des agents du diable), **interdire les pratiques culturelles sacrées, et tenter d'imposer un nouveau code moral aux peuples autochtones en les forçant à abandonner leurs structures familiales traditionnelles**[13] ».*

La Mission Saint-Joseph

La **Mission Saint-Joseph**, ou « La Mission », était le pensionnat qu'ont fréquenté Phyllis Webstad et le Chef Fred Robbins, ainsi que beaucoup d'autres survivants de la région Cariboo.

> « *La Mission Saint-Joseph […] a été fondée et gérée par les Oblats de Marie-Immaculée, un ordre français de l'Église catholique romaine, dont les missionnaires avaient été associés avec la région Cariboo depuis les débuts du contact avec les Européens et de la traite des fourrures.* **La Mission Saint-Joseph était [à l'origine] l'une des premières églises de la vallée, située à près de dix kilomètres au sud de la ville de Williams Lake. Le pensionnat a ouvert ses portes en 1872 et servait à la base d'école de jour pour les enfants des travailleurs des mines.**
>
> *En 1891, les pères oblats et le gouvernement fédéral en ont fait une école industrielle réservée aux enfants autochtones […]. Les « dates officielles » d'activité du pensionnat sont du 19 juillet 1891 au 30 juin 1981. Les édifices de l'école ont fini par être rasés, et la propriété a été vendue. Aujourd'hui, il n'en demeure que la fondation, ainsi qu'un cimetière. Le reste du terrain sert de ranch*[14]. »

Rose Wilson, née Jack, la mère de Phyllis, a fréquenté le pensionnat de la Mission Saint-Joseph et nous offre un aperçu de son expérience :

> « *On devait avoir fait du bruit [en chuchotant]. J'ai avoué que c'était moi. La sœur m'a dit de m'agenouiller dans la grande allée. Elle m'a oubliée. Au petit matin, je suis finalement retournée dans mon lit. Il y avait des règlements, et quand on les enfreignait, on nous envoyait dans un coin ou on nous forçait à s'agenouiller dans l'allée. Je me souviens qu'on m'a tapé sur les mains, mais je ne me rappelle pas pourquoi. Mais je me souviens que ça faisait mal, car ils utilisaient une règle ou une sangle de cuir. Je savais ce qu'il ne fallait pas faire et je faisais de mon mieux pour être sage. Je n'aimais pas me faire frapper, alors je faisais de mon mieux pour obéir.*
>
> **Quand j'ai commencé l'école, je faisais pipi au lit. C'était humiliant. La surveillante me mettait mon drap puant et mouillé sur la tête devant les autres enfants pour me ridiculiser.** *[…] Je n'ai jamais essayé de m'enfuir, car ils m'auraient ramenée de toute façon, c'était impossible de leur échapper et je ne voulais pas être punie. […]*
>
> **Le pensionnat, c'était comme une peine de prison : j'avais l'impression que je n'en sortirais jamais.** *J'y suis restée pendant dix ans. Au début, je ne comprenais pas pourquoi on m'avait envoyée là, mais j'ai appris par la suite qu'autrement, ils [mes parents] auraient été emprisonnés. On aurait emmené mon père ou ma mère s'ils avaient tenté de m'empêcher qu'on nous emmène à l'école*[15]. »

La mission Saint-Joseph était située juste à l'extérieur de Williams Lake, en Colombie-Britannique. Elle a ouvert ses portes en 1872 et a été fermée en 1981. On l'appelait également La Mission, Williams Lake Indian School, Williams Lake Industrial School, Cariboo Residential Industrial School et Cariboo Student Residence.

Photographie histcrique du pensionnat de la Mission Saint-Joseph, gracieuseté de John Dell.

L'école recevait une subvention annuelle du gouvernement fédéral, mais le financement était précaire et souvent insuffisant pour offrir une instruction de qualité, prendre soin des enfants et entretenir les installations. **L'école était fréquentée par les enfants des trois nations environnantes** *[Secwépemc (Shuswap), Tsilhqot'in (Chilcotin) et Dakelh (Carrier)]* **ainsi que par ceux de la nation St'at'imc (Lillooet).** *[…]*

Les méthodes d'enseignement à la Mission exigeaient une obéissance sans faille, une discipline rigoureuse et une communication en anglais uniquement. Toute transgression aux règles était sévèrement punie. La faim était chose courante, la nourriture, insuffisante, et la maladie se propageait facilement dans les bâtiments de construction précaire. L'école tentait de miner la fierté des élèves pour leur patrimoine, leur famille et eux-mêmes. *[…]* **Le taux de mortalité des élèves était élevé, et la dépouille de certains enfants décédés n'était jamais renvoyée à leurs parents.**

— Ordell Steen, Jean William et Rick Gilbert dans L'histoire du chandail orange[16]

Agness Jack, ancienne élève du pensionnat de la Mission Saint-Joseph, revient sur son expérience horrible et sur les séquelles de celle-ci.

*Pendant cette première année [au pensionnat], j'ai attrapé la tuberculose. J'ai été malade très longtemps, et on m'a beaucoup maltraitée. J'étais très malade, et finalement, on m'a envoyée à l'hôpital indien Coqualeetza, à Sardis. C'était un pensionnat transformé en sanatorium pour les Autochtones qui avaient contracté la tuberculeuse, parce qu'il y en avait tellement. J'y ai passé quatre ans, et c'était un mal pour un bien parce qu'on nous y traitait comme des êtres humains, de la façon dont on traite les malades dans un hôpital, et la nourriture était bien meilleure. **C'était un choc de rentrer à la Mission – on nous désignait par des numéros plutôt que par nos noms, on nous traitait comme si on n'avait pas d'émotions.***

Une fois, à Pâques, après ma sortie du pensionnat, ma mère voulait que j'aille à la messe le dimanche de Pâques. Je lui ai répondu que j'ai assisté à la messe assez de fois à la Mission pour toute une vie, et qu'est-ce que ça m'avait apporté de bon ? L'évêque […] prononçait de très beaux sermons – c'était le directeur de l'école – et regardez ce qu'il a fait ! Il voyageait avec les filles de l'ensemble de cornemuses et il les molestait – c'était lui qui conduisait l'autobus. Il a été poursuivi en justice à Vancouver, mais sa cause a été écartée ou reportée pour une raison technique quelconque. Je pense que ses victimes n'avaient tout simplement pas la force de revivre tout ça. Alors il n'a jamais payé pour ce qu'il leur a fait.

*Je travaillais comme journaliste à la Tribune quand la Mission a finalement fermé, et je suis allée couvrir la dernière messe pour le journal. J'ai entendu le gardien de nuit dire à un autre homme : « Il était temps qu'il ferme, cet endroit. » **Ces enfants étaient censés être envoyés là pour être éduqués, et au lieu de ça, ils se retrouvaient en enfer**[17].*

Le traumatisme intergénérationnel

Le traumatisme provoqué par les pensionnats a occasionné des séquelles à long terme qui ont eu des conséquences même sur les proches des survivants qui n'ont pas eux-mêmes fréquenté le pensionnat. Plusieurs des anciens élèves étaient incapables de prendre soin d'eux-mêmes et de leur famille, ce qui a eu pour effet de transmettre le traumatisme d'une génération à une autre. Le traumatisme intergénérationnel se ressent encore aujourd'hui au sein des communautés autochtones.

> *Plusieurs d'entre nous, comme moi, n'avons pas fréquenté les pensionnats, mais nous en ressentons les effets, nos enfants les ressentent, nos petits-enfants aussi. Les journées d'hier et d'aujourd'hui ont représenté le premier petit pas vers la réconciliation entre toutes les communautés et les pensionnats qui ont eu un impact sur nos Premières Nations. Hier, j'ai parlé des hauts taux d'incarcération et des bas niveaux d'éducation chez les Autochtones. Du grand nombre d'enfants placés. Ce sont les conséquences directes des pensionnats. **Nous devons trouver une façon de commencer à rompre ce cycle et à prendre soin de la santé de nos peuples. C'est un chemin long et intéressant que nous entreprenons.***

— Ann Louie, ancienne Cheffe des Premières Nations de Williams Lake (T'exelcemc)[18]

L'ancienne Cheffe Ann Louie s'adressant à la foule le 17 mai 2013 au dévoilement d'un monument de commémoration au parc Boitanio, à Williams Lake. Plan vidéo gracieuseté de John Dell.

La vie après les pensionnats a été extrêmement difficile et douloureuse pour beaucoup d'Autochtones partout au Canada. Le traumatisme et le mal infligés par les pensionnats ont atteint les survivants et leurs familles, ce qui a donné lieu à un **traumatisme intergénérationnel**.

Un **traumatisme intergénérationnel** a lieu quand le traumatisme qu'a éprouvé un parent ou un grand-parent se fait ressentir dans les générations suivantes, tant sur le plan émotionnel que physique. Les conséquences du traumatisme intergénérationnel occasionné par les pensionnats sont désastreuses et prennent différentes formes, comme l'alcoolisme, l'abus, les problèmes de santé mentale et des enfants placés en famille d'accueil[19].

Le gouvernement ayant réussi à écraser les savoirs et coutumes traditionnels autochtones en séparant les enfants de leurs parents, une perte culturelle d'importance s'est produite, car ces enfants n'étaient plus en mesure de transmettre ces connaissances ancestrales à leur propre famille.

Les **survivants intergénérationnels** sont des Autochtones qui éprouvent encore aujourd'hui les effets du vécu de leurs ancêtres ayant fréquenté les pensionnats. Le traumatisme a été si profond qu'il a été transmis d'un membre de la famille à un autre, car les survivants n'ont pas eu accès aux ressources nécessaires pour guérir de leur expérience douloureuse[20].

Nanenuŵes?in (je vous reverrai) :
Karlene Harvey est une illustratrice et autrice d'origines tsilhqot'in et syilx vivant sur les territoires non cédés des nations Musqueam, Sqamish et Tseil-Waututh. Avec son œuvre reproduite à la page de droite, Karlene représente son défunt oncle Kelsey, qui a fréquenté le pensionnat, portant l'esprit de son enfance sur ses épaules.

*Cette image est en l'honneur de mon oncle Kelsey, qui est mort des années après avoir fréquenté le pensionnat. On y voit mon oncle, adulte, en train de porter l'esprit de son enfance sur ses épaules. Adulte, mon oncle était un homme fort et bruyant qui ne se laissait pas faire et qui défendait ses proches, et ses neveux et nièces. **Il y a énormément de non-dits sur les difficultés et les défis qu'il a traversés dans sa vie en raison du pensionnat, mais nous savions qu'il a vécu beaucoup de choses difficiles. Chaque fois que je rencontre un jeune dur à cuire, je vois mon oncle.** C'est une jeune personne qui a été obligée de se bâtir une armure épaisse sur la base d'une accumulation d'expériences et de difficultés, et j'honore ces jeunes, car ils méritent notre amour, notre patience et notre confiance. Mon oncle méritait ça, lui aussi[21].*

Un **survivant intergénérationnel** est « un individu qui subit les conséquences du dysfonctionnement intergénérationnel occasionné par l'expérience du pensionnat[22] ».

Le **traumatisme intergénérationnel** est la transmission d'une oppression historique et de ses conséquences négatives sur plusieurs générations[23].

Œuvre de Karlene Harvey pour la Journée du chandail orange.

Un autre effet connu du traumatisme intergénérationnel est la violence latérale. La violence latérale éclate quand les personnes qui ont vécu l'oppression répriment des émotions, comme la colère, la honte et la rage, puis les retournent contre des membres de leur famille ou de leur communauté. Phyllis Webstad partage sa réflexion sur son expérience de l'oppression qui provoque une violence latérale, menant à un traumatisme intergénérationnel.

Une tante m'a raconté une histoire sur sa grand-mère. Elle réveillait son enfant en le fouettant et en lui disant de se lever pour s'occuper de son mari. **Quand j'ai demandé à ma tante pourquoi ils étaient tous aussi méchants les uns envers les autres, elle a répondu : La Loi sur les Indiens.** *Je ne comprenais pas, alors ma tante m'a expliqué qu'ils étaient si opprimés qu'ils n'avaient pas d'autre choix que de se tourner les uns contre les autres. Elle est née en 1880, la Loi sur les Indiens a été adoptée en 1876. Tout ce qu'elle connaissait comme existence, c'était le contrôle par les agents indiens.*

Le récit de cette oppression m'a rappelé une formation que j'avais suivie sur la violence latérale. J'ai toujours cette image en tête : quand une orange est écrasée, qu'est-ce qui se produit ? Elle se rompt et gicle sur les côtés. **Alors quand la Loi sur les Indiens a été adoptée, les gens ont été écrasés, opprimés, et ils ne pouvaient pas résister. Ils ne pouvaient pas tabasser l'agent indien sous peine de prison. Alors ils faisaient quoi ? Ils agissaient latéralement, ils étaient cruels envers leurs proches et se battaient entre eux**[24].

Pour Phyllis, la conséquence la plus lourde du traumatisme intergénérationnel a été de grandir sans mère et sans père. Pour son fils Jeremy, c'est le fait d'avoir perdu sa culture et sa langue en raison des effets à long terme de la fréquentation du pensionnat par plusieurs générations de sa famille.

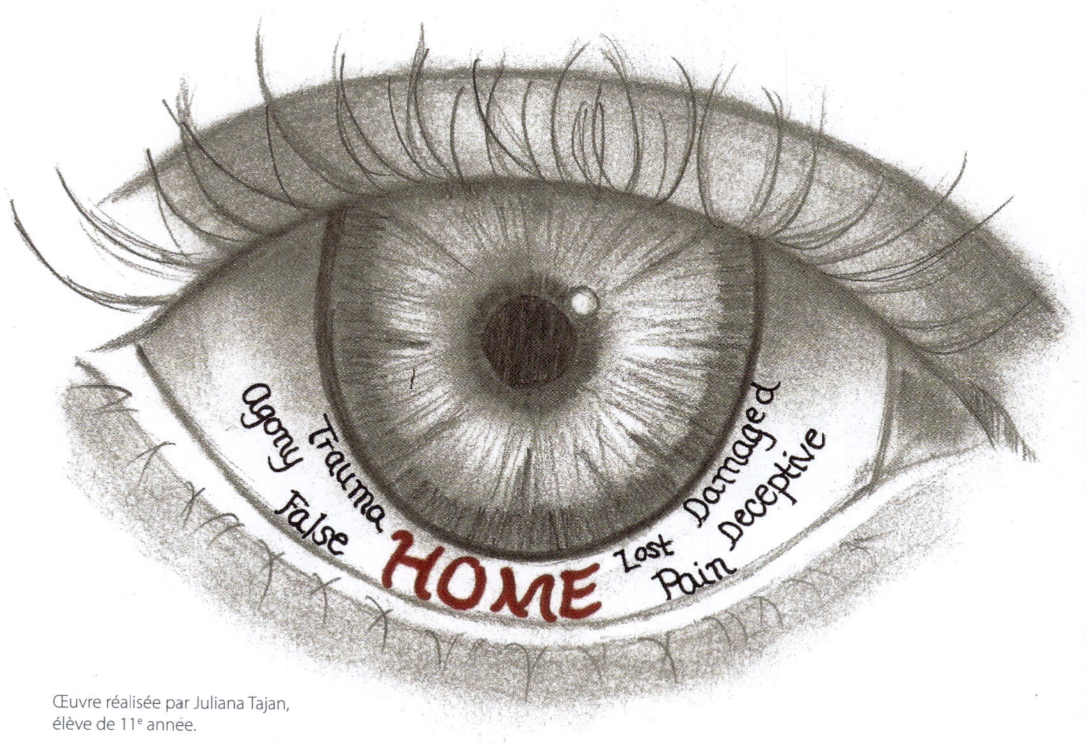

Œuvre réalisée par Juliana Tajan, élève de 11e année.

Le système des pensionnats a eu des conséquences sur ma grand-mère – la mère de ma mère –, ma grand-maman Rose et ma mère. Elles sont toutes allées au pensionnat. L'effet a été énorme parce que premièrement, on a perdu notre culture. […]

***La langue est l'obstacle principal.** J'aimerais qu'on puisse la retrouver, mais on ne la récupérera jamais. Je pense que la langue a disparu, il me reste seulement quelques mots. Je ne peux même pas enseigner ma langue à mes enfants parce qu'il n'y a plus personne pour l'enseigner. Le gouvernement a accompli ce qu'il voulait et a tout enlevé à ma famille et à toutes les familles qui ont fréquenté les pensionnats et qui ont perdu leur culture et leur langue. […]*
Le passé est quelque chose qui ne peut pas être effacé, mais qui peut être guéri grâce à l'éducation et au savoir. Apprenez à travers les récits ; vous n'êtes jamais seuls, n'ayez pas peur, votre voix est puissante. Apprenez pour pardonner et aller vers l'avant.

— Jeremy Boston, Derrière l'histoire du chandail orange[25]

Jeremy Boston photographié par Danielle Shack, de DS Photography

La Journée du chandail orange reconnaît ce traumatisme intergénérationnel et la souffrance vécue par les survivants et leurs familles. À travers ce mouvement, tout le monde peut être témoin et partager les vérités collectives du traumatisme qui a secoué non seulement les survivants des pensionnats, mais aussi, par la suite, leurs familles.

Afin de guérir les blessures infligées par le système des pensionnats, nous devons créer un nouvel héritage qui proclame que « Chaque enfant compte. ». À travers la reconnaissance des vérités douloureuses des pensionnats, et du génocide culturel qui a eu lieu au Canada, nous pouvons commencer à guérir et à faire la paix avec le traumatisme que nous ressentons encore aujourd'hui.

Les enfants qui ne sont jamais rentrés

En 2021, la Première Nation Tk'emlúps te Secwépemc a annoncé avoir découvert 215 tombes anonymes à l'ancien pensionnat indien de Kamploops. Ce pensionnat avait été actif de 1890 à 1978. Il avait été géré par le gouvernement fédéral canadien de même que par l'Église catholique[26].

215 paires de chaussures pour enfants exposées dans le cadre d'un mémorial à la Vancouver Art Gallery pour honorer les enfants retrouvés enterrés sur le site de l'ancien pensionnat indien de Kamloops. Photo prise par Murray Lundberg le 7 juillet 2021

La Kúkpi7 (Cheffe) Rosanne Casimir de la nation Tk'emlúps te Secwépemc a déclaré :
> *La vérité est lourde à porter* […]
> *Nous suivrons les faits à mesure qu'ils seront dévoilés* […]
> *Nous suivrons la science tout en honorant les récits*
> *oraux que partagent avec nous les survivants* […]. *Nous ne sommes pas ici pour nous venger,*
> ***nous sommes ici pour que la vérité sorte au grand jour, nous sommes ici pour honorer les***
> ***enfants***[27] »

En 2021, Stephanie Scott, directrice générale du Centre national pour la vérité et la réconciliation, a écrit dans une lettre ouverte :
> *« Les restes de 215 enfants innocents ont été retrouvés dans des tombes anonymes sur l'ancien site*
> *du pensionnat indien de Kamloops. L'horreur, la colère et le deuil collectif des peuples autochtones*
> *partout sur l'île de la Tortue est aussi cru que lourd.* ***De notre chagrin, nous faisons cérémonie,***
> ***nous allons porter de petites chaussures sur les marches des coupables, nous déversons notre***
> ***traumatisme commun sur les réseaux sociaux, nous partageons les coordonnées des lignes***
> ***d'écoute, nous mettons nos drapeaux en berne et peignons le pays tout entier en orange. Les***
> ***fosses communes contenant les précieux enfants dont les vies ont été tragiquement rompues***
> ***par le système des pensionnats, comme ceux qui ont récemment été découverts sur le territoire***
> ***traditionnel du peuple Tk'emlúps te Secwépemc, n'ont pour le moment été que sommairement***
> ***abordées dans nos discussions avec le gouvernement canadien. Il faut que ça change…***

En tant que directrice générale du Centre national pour la vérité et réconciliation (CNVR), je reçois des appels incessants de la part des médias, et le téléphone ne dérougit pas depuis quatre jours, des journées qui seraient normalement consacrées au deuil pour plusieurs Autochtones du Traité 1, où est situé le centre. **Les questions qu'on nous pose tournent autour de cet enjeu complexe : « Comment cela a-t-il bien pu se produire ? La réponse est complexe également : elle s'enracine dans le racisme et les politiques injustes, mais en tant qu'ancienne gestionnaire de la collecte de témoignages à la CVR, je ne suis pas surprise que cette vérité soit finalement exposée** [...].

Pour de nombreux survivants et leurs familles, la CVR était la première occasion pour affronter ces questions dans un espace sécuritaire marqué par la compréhension réciproque. Malheureusement, pour plusieurs, c'était la première fois qu'on les écoutait et qu'on les croyait [...]. Nous commençons seulement à constater et à reconnaître l'immensité et l'horreur de la perte de vies précieuses causée par les pensionnats canadiens [...].

Depuis la fin de la CVR, le CNVR a continué à se fonder sur la recherche et a confirmé l'identité de 4117 enfants morts *[...]. Le nombre d'enfants retrouvés dans les lieux de sépulture des pensionnats continuera à s'accroître au fil des recherches menées ailleurs par les communautés. Nous devons à ces précieux jeunes notre souvenir et notre deuil, et nous devons honorer leur mémoire bien au-delà de simples chiffres, gazouillis ou mot-clics. Si ces engagements sont largement perçus comme positifs, nous devons néanmoins agir immédiatement. Tous les jours, nous perdons nos survivants bien-aimés, et avec eux, nous perdons un savoir précieux qui peut nous permettre de trouver et d'identifier les enfants disparus. Des gens pour qui les exactions des pensionnats ne sont pas de l'histoire, comme le disent plusieurs, mais bien une douleur brute commune à de nombreuses familles et générations meurtries par les atrocités causées par l'Église et par la nation.*

Les communautés expriment à répétition leurs besoins en matière de guérison et de soutien, tandis que les chefs autochtones en appellent à des recherches au radar géologique sur tous les sites des pensionnats. **Honorons ces enfants perdus en envisageant la fosse commune du pensionnat de Kamloops comme un catalyseur d'action. Les survivants et leurs familles méritent des réponses dès aujourd'hui**[28]. »

Depuis février 2023, au pensionnat de la Mission Saint-Joseph, qu'ont fréquenté trois générations de la famille de Phyllis Webstad, après avoir fouillé seulement 34 des 782 hectares de territoire, on a retrouvé 159 lieux d'enterrement possibles. La vérité doit précéder la réconciliation. De nombreuses communautés autochtones ont entrepris de découvrir la vérité sur ce qui s'est passé dans les pensionnats canadiens et américains. À certains endroits, les noms des enfants ont été retrouvés, alors que d'autres communautés sont encore en train de déterminer quel est le meilleur plan d'action pour elles[29].

Où que soient rendues les communautés autochtones dans ce processus, il reste beaucoup de travail à faire, et une partie de ce travail suppose que tous s'éduquent sur la vérité. Avec plus de 130 pensionnats financés par l'État au Canada, les confirmations d'enfants disparus et les tombes anonymes ne cesseront de s'accroître dans les mois et les années à venir.

Charlene Belleau, qui a fréquenté le pensionnat Mission Saint-Joseph pendant quatre ans, partage la vérité au sujet de son grand-père, Allan Augustine. Elle a reçu la confirmation qu'il est mort au pensionnat. À ce jour, on ignore où il a été enterré.

« Nous connaissons plusieurs enfants, plusieurs de nos proches, qui sont allés à la Mission Saint-Joseph, et nombreux sont ceux qui ne sont jamais rentrés. »

En 1920, mon grand-père Augustine Allan s'est suicidé à cet endroit en mangeant de la ciguë. Ils étaient neuf garçons à avoir conclu un pacte de suicide, mais seul grand-papa est mort, les autres ont survécu. Aucun des prêtres ni personne d'autre n'a rien dit à ma famille à ce sujet, et on l'a enterré quelque part au pensionnat Saint-Joseph. *Nous ne savons même pas s'il a eu des funérailles, le suicide n'est pas catholique, et [nous] savons maintenant qu'ils n'étaient même pas tenus de rapporter sa mort. À ce jour, nous n'avons toujours pas retrouvé de certificat de décès. Le coroner de l'époque n'a pas cru important d'enquêter sur ce qui s'était produit, ou pourquoi les enfants s'enfuyaient – ils se faisaient fouetter.*

En tant que peuple secwépemc, nous sommes forts. Nous sommes une famille résiliente, née dans une culture et des traditions puissantes. *Nous doutons que grand-papa ait été enterré avec la dignité qui lui revenait. C'était un être humain, et il méritait de véritables funérailles.* Notre famille soutient les recherches que mène la Première Nation Williams Lake. Je fais partie de l'équipe qui enquête sur la disparition de nos enfants. Grâce à une technologie de pointe et avec nos traditions et cérémonies pour guides, nous ferons de notre mieux pour retrouver grand-papa, ainsi que tous les autres enfants disparus, et nous les honorerons comme ils auraient dû être honorés[30]. »

Les excuses présentées par le gouvernement canadien

Le 11 juin 2008, l'ancien premier ministre Stephen Harper a présenté des excuses publiques pour le rôle qu'a joué le gouvernement canadien dans le système des pensionnats. Harper s'est levé dans la Chambre des Communes a prononcé un discours d'excuses, dont voici quelques extraits :

> *« Monsieur le Président, je me tiens devant vous aujourd'hui pour présenter mes excuses aux anciens élèves des pensionnats indiens. Le traitement des enfants dans ces pensionnats est un triste chapitre de notre histoire. Pendant plus d'un siècle, les pensionnats indiens ont séparé plus de 150 000 enfants autochtones de leurs familles et de leurs communautés. Dans les années 1870, en partie afin de remplir son obligation d'instruire les enfants autochtones, le gouvernement fédéral a commencé à jouer un rôle dans l'établissement et l'administration de ces écoles.*
>
> *[…] Ces objectifs reposaient sur l'hypothèse que les cultures et les croyances spirituelles des Autochtones étaient inférieures. D'ailleurs, certains cherchaient, selon une expression devenue tristement célèbre, « à tuer l'Indien au sein de l'enfant ». Aujourd'hui, nous reconnaissons que cette politique d'assimilation était erronée, qu'elle a fait beaucoup de mal et qu'elle n'a aucune place dans notre pays.*
>
> *[…] Il a fallu un courage extraordinaire aux milliers de survivants qui ont parlé publiquement des mauvais traitements qu'ils ont subis.*
>
> *[…] Ce courage témoigne de leur résilience personnelle et de la force de leur culture. Malheureusement, de nombreux anciens élèves ne sont plus des nôtres et sont décédés avant d'avoir reçu des excuses du gouvernement du Canada.*
>
> *[…] Alors, au nom du gouvernement du Canada et de tous les Canadiens et Canadiennes, je me lève devant vous, dans cette chambre si vitale à notre existence en tant que pays, pour présenter nos excuses aux peuples autochtones pour le rôle joué par le Canada dans les pensionnats pour Indiens.*
>
> *Il n'y a pas de place au Canada pour les attitudes qui ont inspiré le système de pensionnats indiens, pour qu'elles puissent prévaloir à nouveau. »*

Les excuses présentées par la Gendarmerie royale du Canada

À l'époque des pensionnats indiens, la GRC répondait aux nombreuses requêtes des agents indiens et du Département des affaires indiennes, notamment pour retrouver et restituer les élèves qui avaient fui. Dans les faits, la GRC servait d'outil pour maintenir le pouvoir du gouvernement en place.

En mai 2004, l'ancien commissaire de la GRC Giuliano Zaccardelli a présenté des excuses publiques de la part de la GRC :

> « [...] À ceux parmi vous qui avez subi des tragédies dans les pensionnats, nous disons que nous sommes profondément désolés de ce que vous avez vécu [...]. Les Canadiens et les Canadiennes ne pourront jamais oublier ce qui est arrivé et ne devraient jamais l'oublier. La GRC est convaincue que nous pouvons travailler tous ensemble pour tirer des leçons de cette expérience du système des pensionnats indiens et veiller à ce qu'elle ne se reproduise plus [...]. Au nom de la GRC et en mon propre nom, à titre de commissaire de la GRC, je vous demande sincèrement pardon pour le rôle que nous avons joué dans le système des pensionnats et pour les abus qui s'y sont produits[32]. »

Les excuses présentées par le Pape

La Kúkpi7 Rosanne Casimir, « Golden Day Woman », de la nation Tk'emlúps te Secwépemc et cheffe du conseil de bande de la nation Secwépemc partage ses impressions de sa visite du Vatican et de sa rencontre avec le pape François.

La Kúkpi7 Rosanne Casimir, « Golden Day Woman », de la nation Tk'emlúps te Secwépemc sur fond de soleil levant, sur le site de l'ancien pensionnat indien de Kamloops. Photo prise par Victoria Lynn Reeb le 25 août 2021.

> « Je porte dans mon cœur tous les survivants et les survivants intergénérationnels qui ont porté les vérités douloureuses, leurs vérités, et c'est avec cette visite que je porte les voix des générations de peuples autochtones marqués par les péchés des pensionnats. **Ce pèlerinage, pour moi, servait à apporter honneur et dignité à ceux qui ne sont jamais rentrés** et à véhiculer des messages de la part des nombreuses personnes qui ont manifesté leur colère, leur frustration et leur espoir que leurs paroles parviennent à destination.
>
> Je suis reconnaissante à la British Columbia Assembly of First Nations (BCAFN) de m'avoir permis de représenter la Colombie-Britannique à l'occasion de ce séjour au Vatican. **Pour moi, entreprendre cette expédition vers le plus haut palier de l'Église catholique romaine au Saint-Siège lui-même, le pape François, a été significatif, marquant et véritablement historique.** J'appartiens à une famille qui a souffert des effets des pensionnats au même titre que tant de nos survivants, de leurs familles et de leurs communautés, des problèmes qui ne sont toujours pas réglés.

*En tant que déléguée de la BCAFN, **je me suis assurée d'exprimer à quel point il serait important que la visite du pape François sur l'île de la Tortue comprenne des rencontres avec les communautés autochtones qui ont été secouées par les fosses communes, ce qui donnerait l'occasion à nos survivants et survivants intergénérationnels de recevoir de véritables excuses pour les torts causés par les pensionnats. J'ai aussi insisté sur les étapes cruciales qui restaient encore à franchir pour parvenir à une réconciliation véritable.***

*Je suis allée là pour représenter notre peuple dans l'espoir de faire des avancées importantes vers la réconciliation tout en recherchant la justice sous quelque forme qu'elle puisse être nécessaire à nos communautés, qui traversent ce chapitre très sombre dans notre histoire vers le renouveau et la reconstruction des relations à toutes les échelles. **C'est un moment décisif de notre histoire, et nous devons tous y prendre part, et être témoins des véritables expressions de bonne foi et de pas essentiels vers l'avant.***

Ce que j'espère, c'est la réconciliation, et que les réparations soient mandatées par le plus haut palier du gouvernement, de façon à ce que nous puissions véritablement marcher ensemble pour nos enfants et les générations futures, et que les survivants qui sont encore en vie, ainsi que nos survivants intergénérationnels, puissent être les témoins de la venue du pape François ici, sur nos terres ancestrales, là où vivent nos familles, pour le voir s'adresser directement à notre peuple et à tous ceux qui ont subi les conséquences des pensionnats indiens gérés par l'Église catholique romaine.

***Je cherche l'unité, la paix et l'espoir pour notre peuple, nos générations futures en tant que cheffe, en tant que mère, grand-mère et survivante intergénérationnelle. Je suis Kúkpi7 Rosanne Casimir, « Golden Day Woman », de la nation Tk'emlúps te Secwépemc et cheffe du conseil de bande de la nation Secwépemc**[33]*.

En mars 2022, des délégués des Premières Nations, métis et inuits ont visité le Vatican, à Rome. Ils ont exigé des excuses de la part du pape pour le rôle que l'Église catholique a joué dans l'avènement des pensionnats. En juillet 2022, le pape a visité le Canada et a rencontré les survivants et leurs familles de même que les chefs et organismes autochtones. Au cours de cette visite, le Pape a présenté les excuses suivantes :

*« Je suis affligé. Je demande pardon, en particulier, pour la manière dont de nombreux membres de l'Église et des communautés religieuses ont coopéré, même à travers l'indifférence, à ces projets de destruction culturelle et d'assimilation forcée des gouvernements de l'époque, qui ont abouti au système des écoles résidentielles. […] **[J]e demande humblement pardon pour le mal commis par de nombreux chrétiens contre les peuples autochtones**[34]. »*

Au moment de prendre son vol de retour vers l'Italie, le pape François a déclaré aux reporters : « Je n'ai pas employé le mot génocide parce qu'il ne m'est pas venu à l'esprit, mais ce que j'ai décrit était bien un génocide[35]. »

Si le pape a présenté des excuses pour le comportement de nombreux chrétiens, certains considèrent que celles-ci ne sont pas suffisantes. Cindy Blackstock, professeure et membre de la Première Nation Gitksan, affirme :

*« Le pape a présenté des excuses pour le rôle de l'Église catholique dans les pensionnats, et je suis très reconnaissante que ça leur ait apporté du réconfort. Par contre, **quand les victimes doivent se rendre à Rome pour exiger des excuses, on est en droit de demeurer vigilants pour s'assurer que les excuses mènent à la justice pour les victimes et ne sont pas une simple façon de se dégager de toute responsabilité.** Les excuses du Pape ont commencé par une reconnaissance du Gouverneur général et du premier ministre (deux sièges relevant du colonialisme) avant de*

s'adresser aux survivants des pensionnats et d'évoquer véritablement les enfants morts, qui devaient pourtant être au cœur des excuses présentées. Le pape a évoqué l'avenir, mais il a peu parlé de responsabilité et d'actions à entreprendre, et n'a cessé de demander à Dieu de pardonner l'Église. **Les enfants des Premières Nations, métis et inuits qui ont souffert si profondément dans les pensionnats, et ceux qui y sont morts, méritent [...] davantage**[36]. »

La résilience

Le système des pensionnats visait à assimiler les Autochtones dans la société dominante. Les enfants, arrachés à leurs familles, y étaient maltraités. On leur apprenait à sentir qu'ils ne valaient rien. Si ces expériences ont provoqué de forts traumatismes dans la communauté autochtone, le système des pensionnats n'a pas mené à bien son objectif. Les langues, les cultures, les cérémonies et les familles sont en cours de revitalisation grâce à la **résilience** des peuples[37].

Keisha Jones, qui a dansé à la Journée du chandail orange de 2019, à Victoria, en Colombie-Britannique, s'exprime ainsi :

C'est de la lignée Yakima que provient notre connexion familiale aux cercles de pow-wow. C'est à travers cette lignée qu'on m'a transmis la danse. Le style que je pratique s'appelle la danse libre du châle, et il représente le papillon. Je choisis de danser dans des contextes comme la Journée du chandail orange afin d'honorer les vies perdues dans les pensionnats et la résilience dans nos communautés. **Je danse pour inspirer les plus jeunes, leur montrer comment la danse peut les faire sentir puissants dans leur identité et les aider à panser leurs plaies. Je danse pour honorer les esprits de ceux qui ont marché ici avant nous et de ceux qui sont morts. Je danse pour élever les esprits des aînés qui sont présents et de ceux qui ne peuvent plus danser**[38].

La **résilience**, c'est la capacité à se remettre des traumatismes et d'autres défis qu'on a traversés.

Questions pour le chapitre 3

1) Énumérez cinq « vérités sur ce qui s'est passé dans les pensionnats » présentés au Chapitre 3.

2) Quelle est la vision de la réconciliation du Chef Fred Robbins ? Expliquez pourquoi cela pourrait être important pour que la réconciliation puisse advenir.

3) Jusqu'à quel point pensez-vous que la citation suivante de John A. Macdonald a eu des conséquences durables sur les Autochtones du Canada ? « Lorsque l'école est sur la réserve, **l'enfant vit avec ses parents, qui sont sauvages; il est entouré de sauvages**, et bien qu'il puisse apprendre à lire et écrire, ses habitudes, son éducation domestique, et ses façons de penser, restent celles des sauvages. »

4) En sachant que les données que nous avons sont incomplètes, combien d'enfants estime-t-on n'être jamais rentrés des pensionnats ? Pourquoi est-ce difficile de savoir exactement combien d'enfants ont fréquenté ces établissements ?

5) À quelle époque les pensionnats financés par l'État étaient-ils en fonction ? Pourquoi est-ce important de connaître ces dates ? Quels effets la chronologie des pensionnats peut-elle avoir sur les tentatives de réconciliation aujourd'hui ?

6) Qu'est-ce qui vous frappe en regardant la carte qui recense les lieux où étaient situés les pensionnats ?

7) Pourquoi de nombreux pensionnats étaient-ils situés dans des endroits reculés ? Quels effets cela a-t-il eus sur les enfants autochtones qui ont fréquenté ces écoles et sur leurs familles ? Pourquoi est-ce important de se pencher sur ces lieux aujourd'hui ?

8) Nommez certaines choses que subissaient les enfants autochtones à leur arrivée au pensionnat. Pourquoi pensez-vous que leur expérience était différente des enfants non autochtones qui fréquentaient l'école à cette époque ?

9) Pourquoi les Églises endossaient-elles si volontiers la tâche d'entretenir et de gérer les pensionnats ? Quels effets à court et à long terme cela avait-il sur les survivants et leurs familles ?

10) Expliquez en détail ce qui vous a frappés dans la description du pensionnat Mission Saint-Joseph.

11) Quels aspects des récits des survivants au sujet de leur expérience du pensionnat vous ont frappés ? Expliquez-vous en détail.

12) Qu'est-ce que le traumatisme intergénérationnel ? Y a-t-il des survivants intergénérationnels encore vivants aujourd'hui ? Pourquoi devons-nous nous pencher sur le traumatisme intergénérationnel pour que la réconciliation ait lieu ?

13) Expliquez ce que signifie selon vous la phrase suivante : « Il y a tant de non-dits sur les difficultés et les défis qu'il a traversés dans sa vie en raison du pensionnat ». Pourquoi est-ce important d'envisager cela en lien avec la réconciliation ?

14) Expliquez ce qu'est la violence latérale en lien avec les pensionnats. De quelle manière celle-ci peut-être influencer le processus de réconciliation?

15) Jeremy Boston a déclaré : « Le passé est quelque chose qui ne peut pas être effacé, mais qui peut être guéri grâce à l'éducation et au savoir. […] votre voix est puissante. Apprenez pour pardonner et aller vers l'avant. » Comment cette affirmation s'applique-t-elle à l'ensemble des peuples vivant au Canada?

16) Le Centre national pour la vérité et la réconciliation affirme : « **Les questions qu'on nous pose tournent autour de cet enjeu complexe : "Comment cela a-t-il bien pu se produire ?" La réponse est complexe également : elle s'enracine dans le racisme et les politiques injustes** ». En réfléchissant aux récits de survivants et aux images qu'ils partagent, avez-vous l'impression que cette déclaration est exacte ? Expliquez pourquoi.

17) Pourquoi pensez-vous que les pensionnats n'étaient pas tenus de documenter les morts d'enfants ni d'enquêter sur les raisons de leur mort ou de leur fuite ? Qu'est-ce que cela nous dit du regard que l'on posait sur les peuples autochtones au Canada ?

18) Comment pensez-vous que se sentaient ces enfants, certains âgés de deux, quatre ou six ans, qui étaient forcés de quitter leur famille et leur communauté pour se rendre au pensionnat pour la première fois ?

19) Pourquoi pensez-vous que l'on désigne les survivants des pensionnats et les survivants intergénérationnels par le terme « survivants » plutôt que par celui de « victimes » ? Quel effet ce choix de mots peut-il avoir sur leur trajectoire ?

20) Pourquoi pensez-vous que c'était important pour le Canada, pour la GRC et pour le Pape de présenter des excuses pour le rôle qu'ils ont joué dans les pensionnats ? Après avoir lu des passages de chacun des textes d'excuses, qu'est-ce qui vous frappe ? Comment cela peut-il contribuer au processus de réconciliation ?

21) Pourquoi pensez-vous qu'on remplaçait les noms des enfants par des numéros au pensionnat ? Quel effet peut avoir le fait de devenir un numéro sur le sentiment d'appartenance et d'identité personnelle ?

RECHERCHE

1) Savez-vous s'il y a eu un pensionnat dans votre région ? Pouvez-vous le nommer ? Connaissez-vous quelqu'un qui l'a fréquenté ?

2) Trouvez un livre qui raconte les récits personnels d'Autochtones ayant fréquenté les pensionnats. Demandez à votre bibliothécaire ou à un enseignant de vous aider, ou alors rendez-vous sur notre site web pour obtenir plus de ressources : medicinewheelpublishing.com. Qu'est-ce qui vous frappe le plus dans leurs histoires ?

3) Trouvez la description du pensionnat indien Mission Saint-Joseph. Notez les différentes dénominations du pensionnat. L'un de ces noms est École industrielle de Williams Lake. Faites des recherches pour savoir pourquoi le mot « industriel » était employé pour désigner le pensionnat.

4) Faites des recherches pour savoir pourquoi certains enfants s'enfuyaient du pensionnat. Indice : faites une recherche avec le nom Chanie Wenjack.

5) Faites des recherches pour savoir ce qui arrivait aux élèves du pensionnat qui parlaient leur langue traditionnelle ou pratiquaient leurs coutumes ancestrales.

6) Renseignez-vous à savoir si d'autres nations avaient des systèmes similaires au système des pensionnats canadiens. En quoi se ressemblaient-ils ? En quoi étaient-ils différents ?

Sources

1) Daniel Schwartz, « Truth and Reconciliation Commissions: By the Numbers », *CBC News*, le 2 juin 2015. https://www.cbc.ca/news/indigenous/truth-and-reconciliation-commission-by-the-numbers-1.3096185, consulté le 28 mai 2020.

2) Daniel Schwartz, « Truth and Reconciliation Commissions: By the Numbers », *CBC News*, le 2 juin 2015. https://www.cbc.ca/news/indigenous/truth-and-reconciliation-commission-by-the-numbers-1.3096185, consulté le 28 mai 2020.

3) Dirk Meissner, « Work to exhume remains at former Kamloops residential school could begin soon, chief says », *CBC News*, https://www.cbc.ca/news/canada/british-columbia/tk-eml%C3%BAps-kamloops-indian-residential-school-215-exhumations-1.6460796, consulté le 30 novembre 2022.
Olivia Waxman, « The History of Native American Boarding Schools Is Even More Complicated than a New Report Reveals », *Time Magazine*, https://time.com/6177069/american-indian-boarding-schools-history/, consulté le 30 novembre 2022.

4) Daniel Schwartz, « Truth and Reconciliation Commissions: By the Numbers », *CBC News*, le 2 juin 2015. https://www.cbc.ca/news/indigenous/truth-and-reconciliation-commission-by-the-numbers-1.3096185, consulté le 28 mai 2020.

5) « 10 Quotes John A. Macdonald Made About First Nations », *Indigenous Corporate Training*, le 28 juin 2016. https://www.ictinc.ca/blog/10-quotes-john-a.-macdonald-made-about-rst-nations , consulté le 28 mai 2020.

5) « Indian Residential Schools and Reconciliation: 1920-1927 Indian Act Becomes More Restrictive », *First Nations Education Steering Committee*, http://www.fnesc.ca/wp/wp-content/uploads/2015/07/IRSR11-12-DE-1920-1927.pdf, consulté le 28 mai 2020.

7) Phyllis Webstad, Joan Sorley, Tiany Moses et Harold Tarbell, *St. Joseph's Mission Residential School Commemoration Project Booklet. Remembering, Recovering, and Reconciling*, Williams Lake, Tarbell Facilitation Network, 2013, p. 6.

8) La Commission de vérité et réconciliation du Canada, *Ils sont venus pour les enfants*, Manitoba, Bibliothèque et Archives Canada, 2012, p. 22.

9) La Commission de vérité et réconciliation du Canada, *Ils sont venus pour les enfants*, Manitoba, Bibliothèque et Archives Canada, 2012, p. 30, 34, 41, 44.
« Pensionnats autochtones au Canada », *The Canadian Encyclopedia*, le 15 janvier 2020 https://www.thecanadianencyclopedia.ca/fr/article/pensionnats, consulté le 1er juin 2020.

10) « Pensionnats du Canada : L'histoire, Partie 1 Des origines à 1939 », Commission de vérité et réconciliation du Canada, 2015. https://ehprnh2mwo3.exactdn.com/wp-content/uploads/2021/04/5-Lhistoire_partie_1_des_origines_a_1939.pdf, consulté le 30 mai 2020, p. 337.

11) La Commission de vérité et réconciliation du Canada, *Ils sont venus pour les enfants*, Manitoba, Bibliothèque et Archives Canada, 2012, p. 18.

12) La Commission de vérité et réconciliation du Canada, *Ils sont venus pour les enfants*, Manitoba, Bibliothèque et Archives Canada, 2012, p. 10.

13) La Commission de vérité et réconciliation du Canada, *Ils sont venus pour les enfants*, Manitoba, Bibliothèque et Archives Canada, 2012, p. 13.

14) Phyllis Webstad, Joan Sorley, Tiany Moses et Harold Tarbell, *St. Joseph's Mission Residential School Commemoration Project Booklet. Remembering, Recovering, and Reconciling*, Williams Lake, Tarbell Facilitation Network, 2013 p. 4-5

15) Rose Wilson, née Jack, *Derrière l'histoire du chandail orange*, Medicine Wheel Education, Victoria, 2022, p. 40-41.

16) Phyllis Webstad, *Derrière l'histoire du chandail orange*, Medicine Wheel Education, Victoria, 2022

17) Phyllis Webstad, Joan Sorley, Tiany Moses et Harold Tarbell, *St. Joseph's Mission Residential School Commemoration Project Booklet. Remembering, Recovering, and Reconciling*, Williams Lake, Tarbell Facilitation Network, 2013, p. 6.

18) Discours de la Cheffe Ann Louie au dévoilement du monument du parc Boitanio, *The Commemoration Project Events*, DVD, filmé par John Dell, Signal Point Media, 2013.

19) Kevin Bérubé, « The Intergenerational Trauma of First Nations Still Run Deep », *The Globe and Mail*, le 16 février 2015, https://www.theglobeandmail.com/life/health-and-tness/health-advisor/the-intergenerational-trauma-of-rst-nations-still-runs-deep/article23013789/, consulté le 24 mai 2020.

20) Kevin Bérubé, « The Intergenerational Trauma of First Nations Still Run Deep », *The Globe and Mail*, le 16 février 2015, https://www.theglobeandmail.com/life/health-and-tness/health-advisor/the-intergenerational-trauma-of-rst-nations-still-runs-deep/article23013789/, consulté le 24 mai 2020.

21) Karlene Harvey, Entretien personnel, avril 2020.

22) « Intergenerational Survivors », *Where are the Children*, le 28 novembre 2013, http://wherearethechildren.ca/en/watc_blackboard/intergenerational-survivors/, consulté le 10 mai 2020.

23) « Intervention to address Intergenerational Trauma », https://www.ucalgary.ca/wethurston/les/wethurston/Report_InterventionToAddressIntergenerationalTrauma.pdf, consulté le 1er mai 2020.

24) Phyllis Webstad, Entretien personnel, mars 2023.

25) Boston, Jeremy, *Derrière l'histoire du chandail orange*, Medicine Wheel Education. Victoria, 2021, p. 65-68.

26) Doyle Potente, « Grief, sorrow after discovery of 215 bodies, unmarked graves at former B.C. residential school site », *Global News*, https://globalnews.ca/news/7902306/unmarked-graves-kamloops-residential-school/, consulté le 30 novembre 2022.

27) Angela Sterritt et Courtney Dickson, « "This is heavy truth": Tk'emlúps te Secwépemc chief says more to be done to identify unmarked graves », *CBC News*, https://www.cbc.ca/news/canada/british-columbia/kamloops-residential-school-findings-1.6084185, consulté le 30 novembre 2022.

28) Stephanie Scott, « 215 Innocent Children », Centre national pour la vérité et la réconciliation, https://nctr.ca/215-innocent-children/, consulté le 30 novembre 2022.

29) « St. Joseph's Mission Investigation », Williams Lake First Nation, https://www.wlfn.ca/chief-council/sjm-investigation-releases-2/#:~:text=WLFN%20has%20used%20Ground%20Penetrating,Joseph's%20Mission, consulté en février 2023.

30) Charlene Belleau, Entretien personnel, février 2023.

31) « Text of Stephen Harper's Residential Schools Apology », CTV News. *The Canadian Press*, 11 juin 2008. https://www.ctvnews.ca/text-of-stephen-harper-s-residential-schools-apology-1.301820, consulté en janvier 2020.

32) « Indian Residential School apologies », Gendarmerie royale canadienne, l2 29 novembre 2019. https://www.rcmp-grc.gc.ca/aboriginal-autochtone/apo-reg-eng.htm, consulté le 20 avril 2020.

33) La Kúkpi7 (cheffe) Rosanne Casimir, « Golden Day Woman », de la nation Tk'emlúps te Secwépemc et cheffe du conseil de bande de la nation Secwépemc, Entretien personnel, mars 2023.

34) « "I am deeply sorry": Full text of residential school apology from Pope Francis », *The Canadian Press*, https://www.cbc.ca/news/canada/edmonton/pope-francis-maskwacis-apology-full-text-1.6531341, consulté le 15 mars 2023.

35) « Pope says genocide took place at Canada's residential schools », CBC News. https://www.cbc.ca/news/indigenous/pope-francis-residential-schools-genocide-1.6537203#:~:text=%22I%20didn't%20use%20the,Iqaluit%20to%20Rome%20on%20Friday, consulté le 14 mars 2023.

36) « Expert: Pope Francis apologizes for forced assimilation of Indigenous children at residential schools », *Media Relations*, Université McGill, juillet 2022. https://www.mcgill.ca/newsroom/channels/news/expert-pope-francis-apologizes-forced-assimilation-indigenous-children-residential-schools-340476, consulté le 30 novembre 2023.

37) Phyllis Webstad, Entretien personnel, janvier 2020.

38) Jones, Keisha. Entretien personnel, janvier 2020.

Chandail orange à l'Université de Victoria en 2018. Photo gracieuseté de UVIC Photo Services.

CHAPITRE 4

La journée du chandail orange
et la Société du chandail orange

La Journée du chandail orange découle d'un projet commémoratif autour de la Mission Saint-Joseph (le St. Joseph's Mission Residential School Commemoration Project). Depuis sa création, la Journée du chandail orange est devenue un mouvement visant à inspirer les efforts de réconciliation en ce qui a trait aux pensionnats autochtones. Elle a également donné lieu à des espaces sécuritaires où les survivants et leurs familles peuvent partager leurs expériences, un geste qui demande un grand courage.

La Journée du chandail orange reconnaît les événements tragiques survenus dans les pensionnats, tout en offrant des possibilités de guérison, de réparation et de réconciliation collectives et individuelles. Depuis la première Journée du chandail orange, le 30 septembre 2013, nombreuses sont les personnes qui prennent peu à peu conscience de ce chapitre honteux de notre histoire et de l'importance d'établir un nouvel héritage pour les Autochtones où « Chaque enfant compte ».

Shawn Atleo, Chef de l'Assemblée nationale des Premières nations de 2009 à 2014, à la première Journée du chandail orange, en 2013, au parc Boitanio, à Williams Lake. Photo gracieuseté du CRD Williams Lake.

Les prémisses de la Journée du chandail orange

Dans le cadre des événements commémoratifs, un comité organisait des retrouvailles pour les survivants des pensionnats. Celui-ci a demandé à Phyllis Webstad de représenter le groupe à la conférence de presse du 23 avril 2013 afin d'inaugurer les activités prévues pour la semaine. Phyllis était nerveuse de prendre la parole et ignorait ce qu'elle allait dire. Elle a demandé à une amie, qui participait aussi au projet de commémoration, de la rencontrer dans un café pour discuter de son discours.

Phyllis Webstad, survivante du pensionnat, Mark Thiessen, directeur du district scolaire #27, Al Richmond, directeur du Cariboo Regional District, Kerry Cook, ancienne mairesse de Williams Lake et le Chef Fred Robbins à la conférence de presse faisant la promotion du St. Joseph's Mission Commemoration Project en 2013, au parc Boitanio, à Williams Lake. Photo prise par Monica Lamb-Yorski du Williams Lake Tribune.

*J'ai rencontré mon amie au café Bean Counter pour discuter de ce que j'allais dire à la conférence de presse, qui allait se tenir le lendemain. J'étais très nerveuse. Mon amie ne pouvait me voir qu'en fin d'après-midi, alors on s'est donné rendez-vous vers 16h15. Elle est arrivée avant moi. J'ai fait la file pour commander mon café, et au moment de m'asseoir, je savais déjà de quoi j'allais parler à la conférence de presse. J'ai une boule à la gorge chaque fois que je raconte ce moment. **Je me suis assise et j'ai dit à mon amie que je savais de quoi j'allais parler : de ma première journée au pensionnat. Mes larmes se sont mises à couler et j'ai raconté l'histoire à mon amie.***

Quand j'ai eu terminé, je me suis rendu compte que je n'avais rien d'orange à porter, et que je devais aller m'acheter quelque chose. Il était presque 17h, et les magasins de Williams Lake ferment à 18h, alors il ne me restait pas beaucoup de temps. Je me suis rendue dans ma boutique de vêtements préférée. Il n'y avait pas de chandail orange, mais j'ai trouvé un tricot à mailles, alors c'est ce que j'ai porté. Sur la photo dans le parc, on voit toutes sortes de personnes avec des titres importants, directeur, chef, mairesse… et moi, sans emploi, une survivante du pensionnat… vêtue en orange vif !
— Phyllis Webstad[1]

À Williams Lake, en 2013, Phyllis Webstad a raconté son histoire du chandail orange pour la première fois en public. Photo prise par Monica Lamb-Yorski du Williams Lake Tribune.

À la conférence de presse, Phyllis a raconté son histoire du chandail orange et son expérience du pensionnat pour la première fois. Voici ce qu'elle avait à dire :

*Je m'appelle Phyllis Webstad […]. **Je suis arrivée à la Mission Saint-Joseph alors que je venais d'avoir six ans et j'y suis demeurée au cours de l'année 1973-1974 […] Je suis la troisième génération.** Ma grand-mère y est restée pendant dix ans […], ma mère y est allée, et moi aussi […]. Même si ma grand-mère n'en avait probablement pas les moyens, elle achetait toujours des vêtements neufs pour tous ses enfants qui se dirigeaient à la Mission, et je n'ai pas fait exception. **J'étais fébrile. J'ai choisi un chandail orange, qui était tout brillant et étincelant […]. À l'arrivée au pensionnat, on nous a fait retirer nos vêtements […] et on a emporté mon chandail orange […]. Pour moi, l'orange n'a jamais été une couleur amie. Alors je la porte aujourd'hui en symbole de la guérison en cours.** La couleur orange a toujours signifié pour moi […] le fait de n'importer pour personne, car ils ne se souciaient pas de nos sentiments, là-bas […], le fait d'être insignifiante. C'est ce que symbolisait pour moi la couleur orange. C'est pourquoi je la porte aujourd'hui : parce que ce n'est plus le cas.*

— Phyllis Webstad[2]

Pour Phyllis, partager son histoire n'a pas été une décision facile, car son expérience au pensionnat a eu une incidence sur sa vie tout entière.

Elle a expliqué à quel point c'était difficile pour elle de porter la couleur orange, qui évoquait pour elle la mauvaise estime de soi dont elle souffrait en raison du traumatisme qu'elle a vécu au pensionnat. *« En conséquence, l'orange en est venu à symboliser pour elle le fait que personne ne se souciait de ses sentiments, et qu'elle n'avait simplement aucune importance, ce qui a mené au fait qu'elle a grandi en pensant n'avoir aucune valeur*[3]. » Le chandail orange de Phyllis représente sa revendication triomphante de son identité, de son estime d'elle-même et de son espoir en l'avenir.

De nombreux survivants se reconnaissent dans son histoire, car ils ont vécu des expériences semblables où leur identité et leurs biens leur ont également été retirés. En fin de compte, l'histoire de Phyllis permet d'entamer des discussions sur tous les aspects des pensionnats et sur les conséquences désastreuses de ce système sur les individus et les familles, directement et de façon intergénérationnelle.

L'histoire de Phyllis était s'est avérée puissante et reconnaissable, non seulement pour les survivants et leurs familles, mais pour tout le monde. Nombreuses sont les personnes qui sentent qu'elle représentait parfaitement, non seulement le traumatisme des pensionnats, mais aussi la douleur ressentie par la suite, et le long cheminement de la guérison et du rétablissement.

Le projet de commémoration est né d'une vision pour la réconciliation du Chef Fred Robbins, qui désirait ériger un monument avec une épitaphe afin de commémorer les enfants qui n'ont pas survécu au pensionnat, y compris ceux qui sont morts par la suite en raison de leurs expériences traumatiques. Il savait qu'il ne pourrait pas le faire seul, et il est allé chercher de l'aide dans la communauté, dont les membres se sont ralliés autour de lui. Sa vision pour les monuments de réconciliation a ainsi donné lieu au St. Joseph's Mission Residential School Commemoration Project.

Le comité de planification du projet de commémoration comprenait le Chef Fred Robbins, Jerome Beauchamp (District scolaire n° 27), Anne Burrill (Ville de Williams Kale), Eric Chrona (GRC), Joan Sorley (CRD), Rick Gilbert (Conseil de bande de Williams Lake), David DeRose (District scolaire n° 27), le regretté Phillip Robbins, Tiffany Moses (jeune bénéficiant d'un mentorat), Harold Tarbell (Tarbelle Facilitation Network) et Phyllis Webstad (survivante du pensionnat).

En 2013, année où se sont déroulés les événements du projet de commémoration, Kerry Cook était la mairesse de Williams Lake. Le Chef Fred est entré en contact avec elle pour assurer la participation de la Ville de Williams Lake au processus de réconciliation. Kerry a été inspirée par la vision et la passion du changement qui animaient le Chef Fred. Elle s'est engagée sans hésiter.

La passion du Chef Fred Robbins – celle de réunir Autochtones et allochtones dans la reconnaissance de la vérité douloureuse de ce qui s'est produit dans les pensionnats pour entreprendre une démarche de réparation – est devenue une réalité qui a su inspirer des changements à l'échelle nationale et amener plusieurs personnes sur la voie de la guérison. La Société du chandail orange remercie le Chef Fred d'avoir placé la communauté sur le chemin de la réconciliation.

Les monuments de commémoration à la Mission Saint-Joseph

De nombreux événements se sont tenus dans le cadre du projet de commémoration, qui s'est déroulé sur une semaine. La Société du chandail orange aimerait souligner les cérémonies au cours desquelles deux monuments commémoratifs « frère et sœur » ont été érigés. « Deux monuments sont dédiés : l'un sur le site du pensionnat de la Mission Saint-Joseph, pour commémorer les anciens élèves, et l'autre au parc Boitania, à Williams Lake, pour s'engager ensemble envers une réconciliation partagée. Les deux monuments comportent des passages des excuses officielles présentées par le premier ministre Stephen Harper et par les Oblats de Marie-Immaculée[4]. » Des communautés sont venues de près et de loin pour assister aux deux cérémonies en l'honneur des anciens élèves et de leurs familles.

*Alors nous voici à Williams Lake, les Premières Nations de la région. Les 15 bandes. Nous nous tenons ici, je l'espère, devant un nouvel héritage. **Nous créons un nouvel avenir pour nos enfants**. « Chaque enfant compte », comme l'a affirmé le Chef national. **Chaque enfant compte**. C'est la prochaine génération que nous devons commencer à éduquer. En tant que survivants des pensionnats, nous sommes tous et toutes à différentes étapes de la guérison [...]. Beaucoup de parents ont oublié comment être des parents [et] beaucoup de grands-parents ont oublié comment être des grands-parents. **Nous devons commencer à créer un nouvel héritage, et ça doit débuter au sein des communautés. [...] Reconnaissons que nous devons le faire ensemble, en tant que peuple, et non comme Premières Nations et non-Premières Nations [...], c'est ainsi que nous devons le faire [...].***

— Le Chef Fred Robbins[5]

Au cours des cérémonies entourant les monuments, et pendant les autres événements, on commençait déjà à percevoir les éléments précurseurs de la Journée du chandail orange. Les gens portaient des macarons « Chaque enfant compte », les chanteurs de la chorale portaient des foulards orange, et le comité distribuait des sacs orange. C'était signe que la Journée du chandail orange deviendrait un contexte annuel pour poursuivre la discussion sur les pensionnats.

Les musiciens Gary Fjellgaard et Murray Porter ont tous les deux interprété les chansons qu'ils ont écrites après avoir entendu les excuses officielles du Canada pour le système des pensionnats, en 2008. Gary a interprété sa chanson « I Apologize », et Murray a chanté « Is Sorry Enough ».

La première Journée du chandail orange

C'est à la suite de l'allocution de Phyllis à la conférence de presse, en avril 2013, que l'idée de la Journée du chandail orange a germé. Une fois tous les événements entourant le projet de commémoration terminés, le comité de planification est devenu la Société du chandail orange.

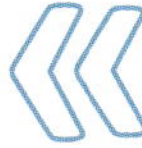 *La Journée du chandail orange, qui est soulignée chaque 30 septembre, ouvre la porte à une discussion d'ensemble sur tous les aspects des pensionnats. **C'est l'occasion d'avoir des échanges importants sur les conséquences des pensionnats et sur leur héritage.***

Une conversation qui concerne tous les Canadiens, qui peuvent s'y joindre pour jeter des ponts les uns avec les autres afin de cheminer vers la réconciliation. Une journée pour réaffirmer aux survivants, de même qu'à tous ceux qui ont subi les effets des pensionnats, qu'ils importent. Chaque enfant compte, à présent, même ceux devenus adultes.

— Phyllis Webstad[6]

De bouche à oreille, l'histoire de Phyllis et la Journée du chandail orange sont devenues plus connues, et les gens ont voulu s'engager sur la voie de la réconciliation. Avant la première Journée du chandail orange, Shannon Bell, une pasteure dans la communauté de Ndazkoh, en Colombie-Britannique, a entendu Phyllis raconter son histoire du chandail orange à un événement de la CVR en mai 2013. Inspirée par le courage de Phyllis, elle a reconnu l'importance de soutenir l'élan de la Journée du chandail orange. Elle est rapidement passée à l'action et a mis son épaule à la roue pour faire connaître l'histoire de Phyllis.

La toute première Journée du Chandail orange s'est tenue le 30 septembre 2013, avec des événements partout au Canada et à l'étranger. Au cours de ces activités, les communautés locales, autochtones comme allochtones, se sont unies pour soutenir la création d'un nouvel héritage à laisser aux Premières Nations.

La première Journée du chandail orange, organisée par Phyllis Webstad, David DeRose, Joan Sorley, Jerome Beauchamp et Anne Burrill pour les communautés de Williams Lake et de 100 Mile House, a attiré beaucoup plus de personnes que prévu. Aujourd'hui, la Journée du chandail orange est devenue un immense mouvement qui réunit des millions de personnes, autochtones comme allochtones, qui marchent ensemble sur le chemin de la réconciliation.

Lucy Squalian et le tailleur de pierre Dean Gilpin posent devant l'un des monuments commémoratifs montrant le travail de Dean, à Williams Lake. Photo de Valerie West.

Pourquoi le 30 septembre

La date du 30 septembre n'a pas été sélectionnée au hasard. Elle représente le moment de l'année où les enfants autochtones étaient ravis à leurs familles pour être emmenés au pensionnat. Le 30 septembre a aussi été choisi pour permettre aux écoles et aux enseignants de traverser la rentrée, de donner des cours sur les pensionnats, puis de planifier un événement autour de la Journée du chandail orange. De plus, le fait de tenir la Journée du chandail orange au début de l'année scolaire permet de préparer le terrain à la mise sur pied de politiques anti-racistes et anti-intimidation afin de cultiver l'inclusion.

> *« En écoutant les vérités racontées à l'événement de la CVR, en septembre 2013, à Vancouver, j'ai entendu un aîné dire que septembre était le mois des larmes. C'est là que j'ai su que nous avions choisi la bonne date pour la Journée du chandail orange. »*

— Phyllis Webstad[7]

Pourquoi le slogan « Chaque enfant compte »

« Chaque enfant compte » est le mot d'ordre de la Société du chandail orange. Il a été choisi en réaction au fait que Phyllis avait senti qu'elle ne comptait pas, au pensionnat. Ce message rappelle aux survivants qu'ils sont importants. « Chaque enfant compte » s'étend au-delà des survivants des pensionnats et de leurs familles pour inclure tous les enfants du monde. « Chaque enfant compte » inclut aussi les enfants qui sont morts dans les pensionnats ou des conséquences de ceux-ci.

« Chaque enfant compte », c'est pour tous les enfants du passé, du présent et de l'avenir. Tous les enfants au Canada et ailleurs. Tous ceux qui ont été des enfants. Tous ceux qui, enfants, ont souffert au pensionnat, puis sont devenus des adultes, et tous ceux qui n'en ont pas eu la chance. Quand la Société du chandail orange affirme que « chaque enfant compte », cela inclut tout le monde, y compris toi qui lis ceci, peu importe ton âge et d'où tu viens.

La Journée du chandail orange et le traumatisme intergénérationnel

La journée du chandail orange a inspiré de nombreuses personnes à organiser des événements en l'honneur des survivants des pensionnats, leurs familles et les enfants qui ne sont jamais rentrés. À travers cette journée, et grâce au mouvement vers la réconciliation qu'elle a inspiré, les gens commencent à comprendre et à reconnaître les vérités douloureuses qui ont terrassé les individus, les familles et les communautés.

En partageant les conséquences de son traumatisme intergénérationnel, Phyllis nous a montré à quel point il est difficile de surmonter la douleur de longue durée occasionnée par les pensionnats. L'une des retombées les plus importantes de la Journée du chandail orange est que celle-ci a inspiré les gens à partager leurs expériences personnelles et intergénérationnelles du pensionnat.

> *J'avais 13,8 ans et j'étais en 8ᵉ année quand mon fils Jeremy est né.* **Parce que ma grand-mère et ma mère avaient toutes les deux fréquenté le pensionnat pendant dix ans, je n'ai jamais su à quoi était censé ressembler un parent.** *Avec l'aide de ma tante, Agness Jack, j'ai pu élever mon fils, et il a pu m'avoir pour mère.*
>
> *J'ai fréquenté un centre thérapeutique à l'âge de 27 ans, et je suis sur la voie de la guérison depuis. Je comprends enfin que le sentiment d'insignifiance qu'on a implanté en moi dès ma première journée à la Mission a eu une incidence sur la façon dont j'ai vécu ma vie pendant des années.* **Même maintenant, en sachant que rien n'est moins vrai, je sens encore que je n'ai pas d'importance. Même après tout le travail que j'ai accompli !**

— Phyllis Webstad[8]

Ces histoires partagées ont mis l'accent sur une vérité collective commune aux peuples autochtones qui ne peut plus être ignorée. À travers la reconnaissance de ces vérités partagées, le processus de guérison et de réparation peut mener à une réconciliation entre Autochtones et allochtones, et être ainsi accueilli par le plus grand nombre.

Phyllis Webstad lisant son livre Phyllis's Orange Shirt à la Journée du chandail orange 2019, à Williams Lake. Photo de Monica Lamb-Yorki, du Williams Lake Tribune

Nanesten (Tu importes pour moi)

*« Avec cette image, j'ai représenté une jeune femme contemporaine issue des Premières Nations portant dans ses bras une fillette en uniforme de pensionnat. Elle la serre contre elle dans un geste qui évoque à la fois l'amour et la protection. Les cheveux de la fillette sont coupés courts, conformément aux règlements du pensionnat, où l'on coupait de force les cheveux des enfants. La jeune femme a les cheveux longs et tressés, et si elle porte des habits contemporains, elle choisit également de porter des mocassins et des boucles d'oreilles perlées. **Je voulais montrer que les Premières Nations et les Autochtones ont su endurer le mal qu'on leur a infligé dans les pensionnats grâce à une résilience intergénérationnelle. Au fil du temps, nous demeurons reliés à nos ancêtres qui ont subi ces torts, et je m'interroge sur l'espace, la compassion et la compréhension que nous pouvons partager avec nos proches, tant au présent que dans le passé** ».*

Œuvre d'art de Karlene Harvey[9].

La Société du chandail orange

La Société du chandail orange est un organisme à but non lucratif créé par un groupe de bénévoles initialement réunis dans le cadre du St. Joseph's Mission Commemoration Project, et qui se dévouent aujourd'hui au rayonnement de la Journée du chandail orange. La Société est située à Williams Lake, où Phyllis Webstad a raconté pour la première fois en public son histoire du chandail orange, et où elle a fréquenté le pensionnat de la Mission Saint-Joseph. La Société a été créée pour mettre sur pied la Journée du chandail orange, organiser des événements et sensibiliser la population. La Société du chandail orange a trois missions qui contribuent au développement de la Journée du chandail orange[7] :

- Soutenir les efforts de réconciliation autour des pensionnats autochtones ;
- Sensibiliser la population aux effets néfastes et intergénérationnels des pensionnats sur les individus, les familles et les communautés par l'organisation d'activités ;
- Sensibiliser la population au concept « Chaque enfant compte ».

La Société du chandail orange est administrée par un conseil de bénévoles autochtones comme allochtones. Les membres fondateurs de la Société du chandail orange sont Phyllis Webstad, David DeRose, Joan Sorley, Jerome Beauchamp, Margo Wagner, Margaret Anne-Enders et Anne Burrill.

Après qu'on lui a retiré son chandail orange, au pensionnat, Phyllis a mis quarante ans avant d'être capable de porter cette couleur à nouveau. À présent, avec la Société du chandail orange, elle transforme courageusement son expérience douloureuse en un mouvement incarnant la réconciliation et la guérison. Autrefois un symbole de douleur et de tragédie pour Phyllis, la couleur orange est désormais synonyme d'espoir. Elle porte désormais un chandail orange pour signifier que « Chaque enfant compte », y compris elle et toi.

Toi aussi, tu peux porter un chandail orange le 30 septembre pour afficher l'idée que « Chaque enfant compte ». Porter la couleur orange, c'est aussi reconnaître et soutenir le cheminement des peuples autochtones vers la guérison, eux qui se remettent, avec grand courage, des effets des pensionnats, et qui bâtissent un nouvel héritage pour eux-mêmes, pour leurs familles et pour leurs communautés.

Le gouvernement qui nous a fait ça n'ira jamais en prison pour les actes qu'il a commis. Quand je vois quelqu'un porter un chandail orange, quand je vois les enfants dans les écoles qui apprennent l'histoire de ce qui nous est arrivé, j'ai le sentiment qu'un peu de justice nous est rendue de notre vivant.

— Phyllis Webstad[10]

"

Phyllis Webstad admirant les œuvres des élèves de l'école de la communauté de Desert Sands, à Ashcroft, en Colombie-Britannique, en 2019.

La Journée du chandail orange et la Journée nationale de la vérité et de la réconciliation

La Journée du chandail orange s'est étendue partout au Canada et à l'international. Envisagée à l'origine comme une occasion d'avoir des discussions difficiles sur ce qui s'est produit dans les pensionnats de la région Cariboo de Colombie-Britannique, elle est devenue aujourd'hui un mouvement largement reconnu pour la réconciliation. La Journée du chandail orange ne sert pas seulement à honorer les survivants, leurs familles et les enfants qui ne sont jamais rentrés, mais offre aussi la chance à des personnes de tout âge et de toute provenance de s'éduquer sur les pensionnats et sur le processus de réconciliation, tout en promulguant l'idée que « Chaque enfant compte ».

Pendant des années, Phyllis Webstad et d'autres membres de la Société du chandail orange ont fait des démarches auprès du gouvernement pour que celui-ci fasse de la Journée du chandail orange, c'est-à-dire du 30 septembre, une Journée nationale pour la vérité et la réconciliation, tel que le stipule la recommandation no 80 formulée par la Commission vérité et réconciliation :

> ***Nous demandons au gouvernement fédéral d'établir comme jour férié, en collaboration avec les peuples autochtones, une journée nationale de la vérité et de la réconciliation pour honorer les survivants, leurs familles et leurs collectivités*** *et s'assurer que la commémoration de l'histoire et des séquelles des pensionnats demeure un élément essentiel du processus de réconciliation*[11]. »

Aujourd'hui, des millions de Canadiens de toute provenance prennent part à la Journée du chandail orange – Journée nationale pour la vérité et la réconciliation. Justin Trudeau, le premier ministre canadien, a déclaré :

> *Si nous voulons réellement aller de l'avant ensemble, nous devons tous faire face à l'héritage des pensionnats et à leurs répercussions persistantes sur les peuples autochtones. C'est pourquoi, l'année dernière, le Parlement a voté à l'unanimité en faveur de l'instauration de la Journée nationale de la vérité et de la réconciliation, qui offre à tous les Canadiens l'occasion d'en apprendre davantage sur les pensionnats, de rendre hommage aux survivants, à leurs familles et à leurs communautés, et de se souvenir des nombreux enfants qui ne sont jamais rentrés chez eux.* ***La réconciliation n'est pas la responsabilité des peuples autochtones, mais celle de tous les Canadiens. Il nous incombe de continuer à écouter et à apprendre.***

— Justin Trudeau[12]

Enfants manifestant à l'occasion de la Journée du chandail orange à Shulus, en Colombie-Britannique. Photo prise par Dara Hill, du Merritt Herald.

EVERY
CHILD
MATTERS!!

Questions pour le chapitre 4

1)   1. Comment s'est sentie Phyllis Webstad après avoir partagé son histoire lors de la conférence de presse d'avril 2013 ?

2)   2. Phyllis Webstad a mentionné qu'elle n'était pas la première de sa famille à fréquenter le pensionnat. Combien de générations de sa famille l'ont fréquenté ?

3)   3. En mai 2013, une série d'événements de réconciliation a eu lieu. Qui y prenait part, et quel était l'objectif principal ? Où ces événements se sont-ils déroulés ?

4)   4. Quelle date a été choisie pour la Journée du chandail orange ? Pourquoi ?

5)   5. Qui est inclus dans l'affirmation « Chaque enfant compte », défendue par la Société du chandail orange ?

6)   6. Complétez la phrase suivante. Ce qui était autrefois un symbole de douleur et de tragédie pour Phyllis est désormais synonyme d'________.

7)   7. Le chandail orange est devenu un symbole. Que pensez-vous qu'il symbolise pour les survivants autochtones des pensionnats, comme Phyllis Webstad ? Développez votre réponse dans vos propres mots.

8)   8. À votre avis, quels sont les termes adéquats à employer pour décrire la Journée du chandail orange ? Une célébration ? Un hommage ? Une commémoration ? Selon vous, lequel est plus approprié pour honorer cette journée, étant donné le contexte de la Journée du chandail orange ?

1)   De quelles manières et dans quelle mesure les efforts déployés par le Chef Fred Robbins et par le comité de planification du St. Joseph Mission Residential School Commemoration Project ont-ils donné lieu à la création d'un nouvel héritage qui a le vent dans les voiles et qui vise la réconciliation entre peuples autochtones et allochtones au Canada ?

2)   L'objectif du Chef Fred pour ce projet était la réconciliation. Pourquoi pensez-vous qu'il faut que des personnes autochtones comme allochtones y participent afin d'y parvenir ?

3)   Quels types d'actions sont entreprises partout au pays pour honorer la Journée du chandail orange – Journée nationale pour la vérité et la réconciliation ? Que pouvez-vous faire pour soutenir le mouvement ?

4)   Faites des recherches pour trouver d'autres Autochtones ou allochtones qui ont utilisé l'écriture ou l'art pour partager leur expérience du processus de réconciliation. Quelle œuvre vous frappe le plus ? Pourquoi, à votre avis ?

Activité

Écrivez une lettre s'adressant à tous les Canadiens qui répond aux questions suivantes :

- Que s'est-il passé dans les pensionnats canadiens? (Brièvement)
- Pourquoi tous les Canadiens devraient-ils se sentir interpellés par les droits autochtones ?
- Quelle est l'histoire de Phyllis, et pourquoi est-il important que tous les Canadiens la connaissent ?
- À qui ressemblerait l'avenir si l'on accordait à chaque enfant l'importance qui lui revient ?

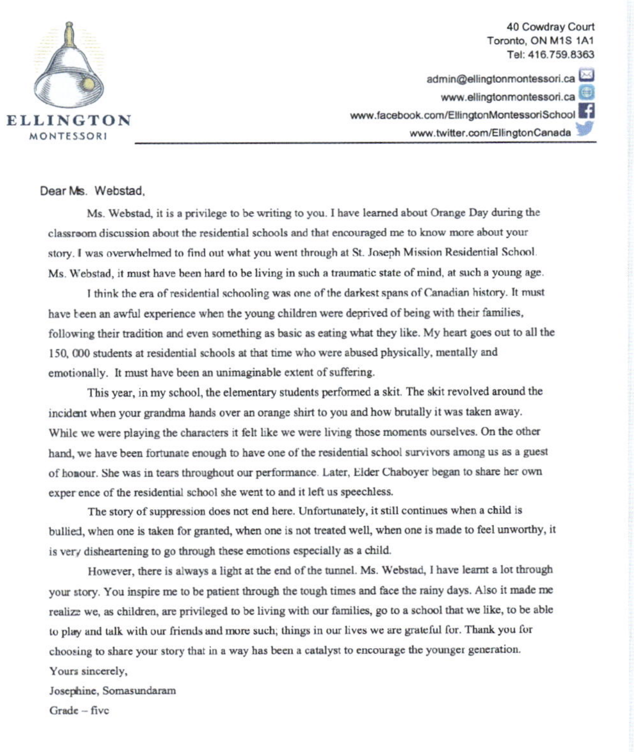

Dear Ms. Webstad,

Ms. Webstad, it is a privilege to be writing to you. I have learned about Orange Day during the classroom discussion about the residential schools and that encouraged me to know more about your story. I was overwhelmed to find out what you went through at St. Joseph Mission Residential School. Ms. Webstad, it must have been hard to be living in such a traumatic state of mind, at such a young age.

I think the era of residential schooling was one of the darkest spans of Canadian history. It must have been an awful experience when the young children were deprived of being with their families, following their tradition and even something as basic as eating what they like. My heart goes out to all the 150, 000 students at residential schools at that time who were abused physically, mentally and emotionally. It must have been an unimaginable extent of suffering.

This year, in my school, the elementary students performed a skit. The skit revolved around the incident when your grandma hands over an orange shirt to you and how brutally it was taken away. While we were playing the characters it felt like we were living those moments ourselves. On the other hand, we have been fortunate enough to have one of the residential school survivors among us as a guest of honour. She was in tears throughout our performance. Later, Elder Chaboyer began to share her own experence of the residential school she went to and it left us speechless.

The story of suppression does not end here. Unfortunately, it still continues when a child is bullied, when one is taken for granted, when one is not treated well, when one is made to feel unworthy, it is very disheartening to go through these emotions especially as a child.

However, there is always a light at the end of the tunnel. Ms. Webstad, I have learnt a lot through your story. You inspire me to be patient through the tough times and face the rainy days. Also it made me realize we, as children, are privileged to be living with our families, go to a school that we like, to be able to play and talk with our friends and more such; things in our lives we are grateful for. Thank you for choosing to share your story that in a way has been a catalyst to encourage the younger generation.

Yours sincerely,

Josephine, Somasundaram

Grade – five

Sources

1) Phyllis Webstad, entretien personnel, janvier 2020.
2) Vidéo « Phyllis Webstad Shares her Orange Shirt Story for the First Time », Conférence de presse de l'événement du Commemoration Project, filmé par John Dell, Signal Point Media, 2013.
3) Harold Tarbell, document du St. Joseph's Mission Residential School Commemoration Project, « Remembering, Recovering, and Reconciling », Williams Lake, Tarbell Facilitation Network, 2013.
4) Phyllis Webstad, Joan Sorley, Tiany Moses et Harold Tarbell, livret du St. Joseph's Mission Residential School Commemoration Project, « Remembering, Recovering, and Reconciling » Williams Lake, Tarbell Facilitation Network, 2013, p. 12.
5) Harold Tarbell, document du St. Joseph's Mission Residential School Commemoration Project, « Remembering, Recovering, and Reconciling », Williams Lake, Tarbell Facilitation Network, 2013.
6) Phyllis Webstad, entretien personnel, janvier 2020.
7) Phyllis Webstad, entretien personnel, janvier 2020.
8) Phyllis Webstad, entretien personnel, janvier 2020.
9) Karlene Harvey, entretien personnel, avril 2020.
10) Phyllis Webstad, entretien personnel, janvier 2020.
11) Commission de vérité et réconciliation du Canada « Appels à l'action », https://nctr.ca/wp-content/uploads/2021/04/4-Appels_a_l-Action_French.pdf, consulté le 6 mars 2023.
12) Déclaration du premier ministre à l'occasion de la Journée nationale de la vérité et de la réconciliation, gouvernement du Canada, https://www.pm.gc.ca/fr/nouvelles/declarations/2022/09/30/declaration-du-premier-ministre-loccasion-de-la-journee-nationale, consulté le 6 mars 2023.

5 Participer à la Journée du chandail orange
et à la Journée nationale de la vérité et de la réconciliation

Participer à la Journée du chandail orange le 30 septembre, c'est contribuer à un immense changement bénéfique et collectif, à l'échelle nationale comme individuelle. Grâce à votre participation, vous contribuerez à laisser un nouvel héritage aux peuples autochtones. Pour participer, il suffit de s'éduquer sur l'histoire des pensionnats au Canada et sur la réconciliation, tout en aidant à créer un espace où les survivants et leurs familles peuvent partager leurs vérités. Votre participation et votre éducation vous aideront également à combattre le racisme envers les Autochtones ainsi que les stéréotypes et les préjugés à leur égard. La journée du chandail orange a le pouvoir de créer un avenir plus inclusif en inspirant la réconciliation, une éducation plus ouverte et de nouvelles perspectives d'avenir pour la transformation de la société.

La Journée du chandail orange ne se limite pas au 30 septembre. Il s'agit d'un mouvement d'éducation à l'année longue conçu pour sensibiliser la population aux effets néfastes et continus des pensionnats, et pour favoriser la réconciliation. En participant à ce mouvement et en en faisant la promotion, vous contribuerez à changer la culture à l'échelle locale, nationale et personnelle. En donnant de votre temps, de votre énergie et de vos ressources à la Journée du chandail orange, vous aiderez à créer un environnement plus éduqué, solidaire et inclusif où chacun croit véritablement que « Chaque enfant compte. »

Il y a toutes sortes de manières de participer à la Journée du chandail orange. Il n'y a pas de limites à votre engagement envers un nouvel héritage positif et juste pour les peuples autochtones. En vous éduquant sur la douloureuse histoire des pensionnats, vous pourriez même créer des manières étonnantes et inédites de prendre part à la Journée du chandail orange.

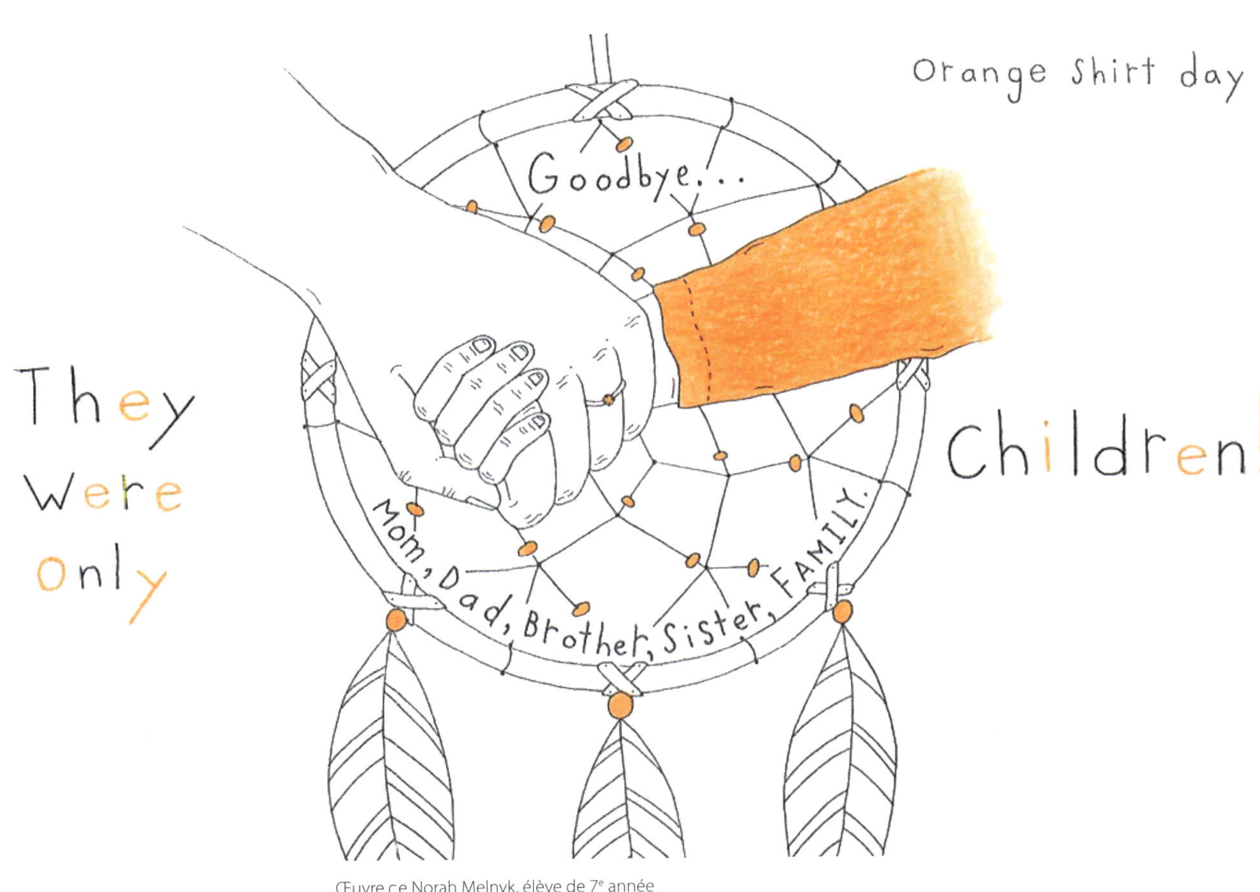

Œuvre ce Norah Melnyk, élève de 7ᵉ année

Porter un chandail orange

La manière la plus évidente de participer à la Journée du chandail orange, c'est… porter un chandail orange le 30 septembre ! Vous pouvez acheter un chandail officiel sur le site web de la Société du chandail orange au www.orangeshirtday.org. Une partie des recettes ira à la Société.

Il est important de savoir d'où vient votre chandail pour la Journée du chandail orange. Avant de l'acheter, assurez-vous d'avoir fait des recherches pour savoir qui l'a fabriqué. Vient-il d'un créateur autochtone ? D'un organisme dirigé par des Autochtones ? Et les profits seront-ils versés à la Société ou à une autre cause qui soutient les survivants des pensionnats et leurs familles ?

Faites preuve de créativité dans votre design !

Nous encourageons ceux qui ont envie de faire leur propre design de chandail à le faire. Sentez-vous bien libres de dessiner un motif significatif pour vous ou pour votre nation sur un chandail orange, mais veuillez vous assurer d'utiliser notre slogan, « Chaque enfant compte ». Peut-être souhaiterez-vous porter un accessoire orange comme un bandana, un foulard, un macaron – n'hésitez pas à les décorer vous-mêmes !

Créer son propre chandail orange peut être une belle façon de s'engager socialement envers la Journée du chandail orange. Vous pourriez en faire un par vous-même tout en réfléchissant aux raisons pour lesquelles vous participez, ou alors entre amis ou en famille, tout en discutant de votre rôle dans la réconciliation.

Que vous choisissiez de fabriquer votre propre chandail orange ou d'en acheter un, il y a plusieurs éléments à prendre en considération. Il est important que ce soit écrit « Chaque enfant compte » sur votre chandail, parce que cette affirmation est au cœur de la mission de la Société du chandail orange. Si vous n'avez pas de chandail orange, n'avez pas les moyens de vous en procurer un ou ne voulez pas écrire sur votre chandail, n'importe quel objet orange fera l'affaire ! Le plus important, c'est la discussion.

Le personnel de Vancity, partenaire fondateur de Réconciliation Canada, à la Journée du chandail orange 2018. Photo prise par Paulina Tsui.

Comment partager l'histoire de Phyllis Webstad

Phyllis espère que vous partagerez son histoire du chandail orange et que vous commencerez à vous instruire – et à instruire votre entourage – sur les pensionnats et le vécu des peuples autochtones. Découvrez l'histoire de Phyllis dans ce livre, en ligne ou dans l'un des nombreux autres livres qu'elle a créés. Voici ses titres, ainsi que les âges auxquels ils s'adressent :

Chaque enfant compte
Anglais | Français
7 ans et plus
2023

Avec nos cœurs orange
Anglais | Français
3 à 5 ans
Illustré par Emily Kewageshig
2022

L'histoire du chandail orange
Anglais | Français | Shuswap
7 ans et plus
2018

Le chandail orange de Phyllis
Anglais | Français
4 à 6 ans
2019

Derrière l'histoire du chandail orange
Anglais | Français
16 ans et plus
2022

Kamisha Alexson lors d'un événement de la Journée du chandail orange à Toronto 201. Photo prise par Nadya Kwandibens de Red Works Photography

Devenir un allié

Devenir un allié, et soutenir les peuples autochtones et la réconciliation, ce n'est pas une mince tâche. Selon Amnistie Internationale, « Être un véritable allié suppose beaucoup d'introspection, d'éducation et d'écoute. Cela signifie de pénétrer un espace à titre de personne dotée de pouvoirs et de privilèges. ***Des privilèges acquis par le biais de systèmes injustes qui marginalisent ces groupes mêmes dont nous cherchons à devenir les alliés***. Il ne suffit pas de se présenter, d'être solidaire et de dénoncer le système injuste. Nous devons faire tout ce qui est possible pour démanteler le système en question, et nous dissocier des opposants de ces groupes. Nous devons changer nos propres comportements et s'assurer de ne pas contribuer nous-mêmes à la perpétuation dudit système[1]. »

Si l'on applique ce concept au fait d'être un allié de la cause de la vérité et de la réconciliation, il est important de reconnaître son pouvoir et son privilège. Si vous n'êtes pas autochtone, il est essentiel que vous soyez solidaire avec les peuples autochtones pour être un allié, mais il faut aussi que vous cherchiez à démanteler les systèmes qui vous accordent ce privilège. Si vous êtes autochtone, vous pouvez être un allié également, en étant solidaire des autres survivants autochtones et de leurs familles, et en favorisant la guérison et la coopération.

Amnistie Internationale dresse la liste des comportements propres à un allié, tout en proposant d'importantes pistes pour l'introspection :

1) **Écoutez et suivez la communauté**
   Découvrez qui sont les propriétaires traditionnels et les aînés du territoire sur lequel vous vivez. En menant un travail de longue haleine sur les droits autochtones, bâtissez des relations solides au sein de la communauté et assurez que toutes les initiatives proviennent des Premières Nations.

2) **Centrez les récits sur la communauté**
   Une bonne partie de votre engagement est d'amplifier les voix des communautés des Premières nations : ne vous placez pas au cœur de leurs préoccupations. Vous devriez partager leurs messages directement avec vos réseaux, dans leurs mots, sans intervenir dans leur discours.

3) **Éduquez-vous sur le contexte culturel et historique**
   Connaître l'histoire et la culture est essentiel. Les préoccupations de la communauté découlent de siècles de traumatismes et de discrimination continus. Ce n'est pas à la communauté de vous instruire.

4) **N'arrivez jamais les mains vides**
   C'est formidable d'être là pour afficher son soutien, mais proposez votre aide également. Mettez la main à la pâte en offrant votre force de travail, vos ressources et vos compétences. Que pouvez-vous contribuer à la collectivité ?

5) **Demandez toujours le consentement et la permission**
   Le consentement est un phénomène qui se déroule dans la durée, et non une question posée une seule fois. Demandez la permission avant de participer aux événements de la communauté, en particulier les activités culturelles et spirituelles. Cherchez la mention « alliés bienvenus ».

6) **Soyez responsable de vous-même**
   Soyez conscient des ressources que vous retirez à la communauté par votre simple présence. Assurez-vous de redonner davantage que vous avez pris.

7) **Sachez quand prendre un pas de recul**
   Soyez conscient de l'espace que vous occupez. Gardez toujours en tête que vous y êtes à titre d'invité, dans un rôle de soutien. Parfois, la communauté a besoin de se retrouver pour agir seule. Dans ces moments, respectez les limites qu'imposeront ses membres.

8) **On n'a pas besoin de sauveurs, mais bien de solidarité**
   La solidarité n'est significative que si elle est substantielle, et non performative. Cela signifie que votre seule présence solidaire doit être la base, et non l'objectif ultime.

9) **Soyez sensible au temps et à l'énergie des autres**
   Les membres des Premières Nations doivent souvent se faire les défenseurs d'un vaste éventail de droits, des enjeux qui ont un effet direct sur eux et sur leur communauté. Ils n'ont pas l'option de cesser d'un coup leur engagement envers une cause donnée, et leurs énergies sont donc souvent éparpillées.

10) **Ne nuisez pas à la collectivité**
   La collectivité doit se porter mieux en raison de votre présence, ou du moins rester la même, mais jamais empirer. Suivez toutes ces suggestions et continuez à réfléchir à votre comportement. Ainsi, vous serez sur la bonne voie pour contribuer à démanteler un système injuste[2].

S'éduquer...
puis éduquer les autres !

*L'éducation, c'est ce qui nous a entraînés dans cet enfer – du moins celle employée dans les pensionnats –, mais **l'éducation est aussi la clé de la réconciliation [...]. Nous devons nous pencher sur la manière dont nous éduquons nos enfants.** C'est pourquoi nous disons que ce n'est pas un problème autochtone. C'est un problème canadien.*

— Murray Sinclair[3]

À mesure que vous en apprenez plus sur ce sombre chapitre de notre histoire, vous pouvez commencer à partager l'information avec les autres. Nous vous recommandons de trouver du matériel pédagogique sur les pensionnats, les récits de pensionnats et le processus de réconciliation. Au fil de votre éducation, vous saisirez l'importance de transformer le système d'éducation canadien de façon à ce que le passé traumatique canadien ne soit pas dissimulé. Afin de créer du changement, nous devons avoir en main les vérités du passé.

Quand les enseignants et les autres adultes prennent l'initiative de s'instruire sur ces questions, les enfants deviennent plus conscients de la façon dont ils peuvent être des forces de changement positif. En vous éduquant sur notre histoire et sur les mauvais traitements réservés aux Autochtones du Canada, vous pourrez faire des choix éclairés quant à l'héritage nouveau que nous pouvons laisser pour faire place à la réconciliation.

Rester flexible

S'instruire sur les pensionnats, les récits de survivants et la réconciliation peut être difficile parce que cela suppose de **désapprendre** d'anciennes manières de réfléchir. Dans le passé, les livres d'histoire n'incluaient pas toujours les faits et les détails tragiques des pensionnats et les actes de génocide culturel.

Désormais, avec le mouvement de la Journée du chandail orange et celui de la réconciliation, nous avons l'occasion de nous rééduquer. Grâce à cette rééducation, ou à ce réapprentissage, nous pouvons prendre pleinement conscience des manières dont le passé influence notre avenir.

Rester flexible, c'est être prêt à examiner le passé, le présent et l'avenir à partir d'un nouveau point de vue.

Désapprendre, c'est se défaire de vieilles habitudes et de leçons et de concepts appris au préalable.

La Journée du chandail orange à l'école Glenlawn Collegiate. Photo gracieuseté de Glenlawn Collegiate.

Écoles

Si vous êtes une école ou un établissement d'enseignement, il existe de nombreuses occasions de soutenir la réconciliation en prenant part aux activités de la Journée du chandail orange. De la maternelle à l'université, les élèves et étudiants se rassemblent annuellement afin de sensibiliser la population aux séquelles qu'ont laissées les pensionnats chez les survivants, leurs familles et leurs communautés.

Voici quelques suggestions :

- Invitez un aîné à venir parler des pensionnats et de leurs conséquences. Veuillez vous assurer que la personne est accueillie avec générosité, bienveillance et respect. Une manière de montrer du respect est de suivre le protocole traditionnel du lieu où vous vivez. Renseignez-vous auprès des communautés autochtones locales ou de votre consultant pédagogique autochtone pour déterminer la manière respectueuse de s'y prendre.
- Participez à un événement public de la Journée du chandail orange s'il y en a dans votre communauté.
- Organisez votre propre Journée du chandail orange. Parmi les activités possibles, vous pouvez raconter l'histoire de Phyllis, lire ses livres et regarder des vidéos en ligne.
- Décorer des chandails orange à porter le 30 septembre.

Phyllis Webstad, conférencière de la Société du chandail orange, est disponible, sur une base restreinte, pour offrir des présentations dans les écoles, les universités et les entreprises partout au pays, en personne comme en visioconférence. La Société du chandail orange œuvre actuellement à mettre sur pied un réseau de conférenciers et de présentations vidéo afin de créer de nouvelles possibilités d'apprentissage.

Un guide de l'enseignant a été créé pour accompagner le manuel de la Journée du chandail orange. Après avoir lu ce manuel, répondu aux questions et réalisé les activités qui se trouvent à la fin de chaque chapitre, ce guide d'étude peut servir à élargir votre enseignement autour de la Journée du chandail orange. Il comprend de nombreux développements autour des concepts et idées du livre, conçus pour inspirer les élèves à creuser la question plus loin.

Vous pouvez vous procurer le guide d'étude Journée du chandail orange au
www.medicinewheelpublishing.com

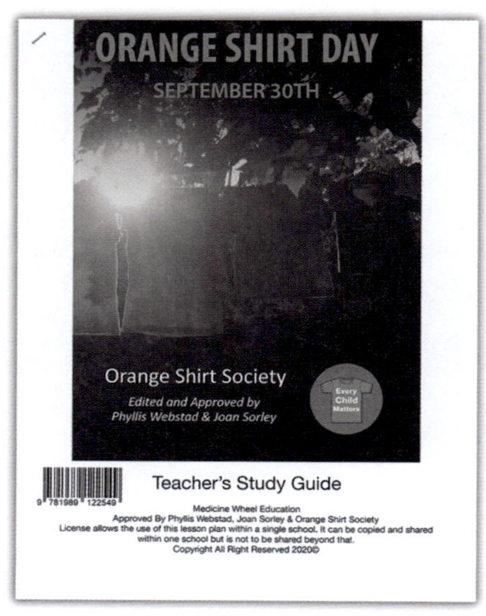

Créer des œuvres d'art

Au cours du mois de septembre, d'innombrables classes et élèves créent passionnément de l'art représentant la Journée du chandail orange et ce qu'ils ont appris sur les pensionnats et la réconciliation.

Parmi les activités populaires, on retrouve :
- Écrire « Chaque enfant compte » sur des chandails orange découpés dans du papier
- Écrire « Chaque enfant compte » sur des cœurs et les accrocher partout dans l'école
- Exercices d'écriture sur la thématique « Ce que signifie la réconciliation pour moi » et « Comment je participe à la Journée du chandail orange »
- Décorer des chandails orange à porter le 30 septembre.

Œuvre inspirée de la journée du chandail orange par Noor Bajwa, élève de 7e année

Créer de l'art est une façon positive et cathartique d'exprimer ce que l'on ressent face à une expérience ou à un sujet donné. Les œuvres d'art à travers lesquelles vous exprimerez vos sentiments face aux pensionnats et à la réconciliation pourra inspirer le cheminement d'autres personnes et donner lieu à des discussions profondes. De plus, faire de l'art est une forme de réconciliation personnelle qui nous permet d'assimiler le savoir, les pensées, les émotions et les événements qui ont des effets sur nous, quels qu'ils soient.

À l'automne 2019, Medicine Wheel Education et la Société du chandail orange ont organisé un concours d'œuvres d'art. Des centaines d'enfants de partout au pays ont soumis des œuvres et ont écrit des textes sur ce que la Journée du chandail orange et la réconciliation signifient pour eux. Dans ce livre, vous découvrirez plusieurs des œuvres formidables qui nous ont été soumises ! S'il nous était impossible de publier toutes les œuvres reçues, la Société du chandail orange a pris connaissance de chacune, et remercie tous ceux et celles qui ont pris le temps de participer à ce projet et de partager leur expérience personnelle.

Reconnaître les territoires traditionnels

Renseignez-vous au sujet du territoire traditionnel sur lequel vous vivez. Afin de faire montre de respect et en signe de réconciliation, assurez-vous de reconnaître le territoire traditionnel au début de tout rassemblement suivant le protocole propre au territoire.

Apprendre à connaître les ressources autochtones

Explorez les différentes ressources autochtones mises à votre disposition dans votre communauté. Celles-ci peuvent prendre la forme de programmes de mentorat jeunesse, de services thérapeutiques, de cours portant sur la culture, de livres d'histoire locale, d'enseignements sur les plantes médicinales ou d'appels à l'action à l'échelle de la collectivité. Une grande variété de ressources autochtones est à votre portée, et à mesure que s'étend la passion pour la réconciliation, davantage de ressources seront créées.

De plus, si vous êtes en crise et avez besoin de soutien, veuillez appeler en tout temps l'une des lignes d'écoute qui se retrouvent au début de ce livre.

Ressources de la Commission de vérité et réconciliation

La Commission de vérité et réconciliation du Canada a produit des ressources pouvant être utilisées pour mieux comprendre la vérité de ce qui s'est passé dans le système des pensionnats, notamment le rapport intérimaire *Ils sont venus pour les enfants*, le rapport final de la CVR énumérant 94 appels à l'action et une carte des pensionnats financés par l'État canadien. La carte se retrouve en tête de ce livre. Ce sont d'excellentes ressources afin de se renseigner sur ce qui s'est produit dans les pensionnats.

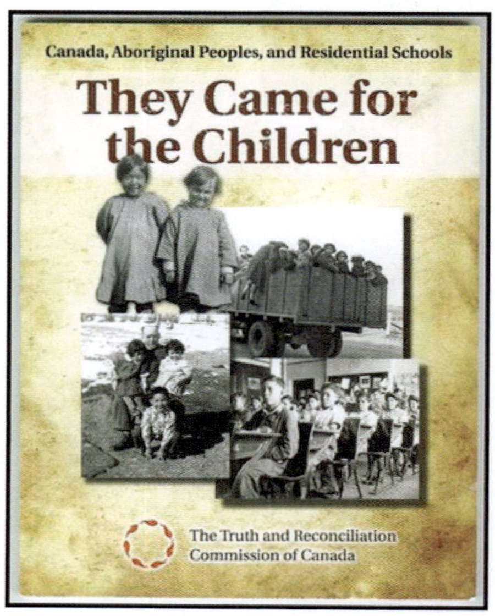

Les frères Christopher et David N. lors d'un événement de la Journée du chandail orange, à Toronto, en 2019. Photo prise par Nadya Kwandibens, de Red Works Photography.

Faire preuve de délicatesse et d'empathie

La meilleure façon d'honorer la Journée nationale de la vérité et de la réconciliation est par la présence. Rendez-vous dans un événement communautaire et soyez présent. **Écoutez les survivants l'esprit et le cœur ouverts. Contribuez à créer un espace d'écoute. Soyez attentif à ce qu'ils racontent. Soyez témoin de leur histoire.**

Rappelez-vous que le grand-parent, la personne âgée que vous avez devant les yeux n'était qu'un enfant quand il ou elle a subi ces horreurs. **Soyez conscient que ces gens peuvent encore être amers, blessés et en colère. C'est normal.** *Même s'il peut être difficile de les écouter, c'est un petit geste que nous pouvons tous poser pour aider les survivants à guérir.*

Une fois le récit terminé, remerciez la personne. Souriez-lui, hochez la tête ou prenez-la dans vos bras. *Faites ce avec quoi vous êtes à l'aise et ce qui vous paraît approprié. Ce faisant, vous reconnaissez la force, le courage et la résilience dont a dû faire la personne pour se livrer.*

— Ren Louie[4]

Ren Louie prononce un discours à la Journée du chandail orange sur le campus Lansdowne de Camosun, à Victoria, le 28 septembre 2019. Photo gracieuseté de Camosun College AV.

L'Orange Jersey Project

L'*Orange Jersey Project* est né d'une simple idée : « Et si on utilisait le pouvoir du sport comme moteur pour instruire les jeunes athlètes d'aujourd'hui sur l'histoire du système de pensionnats indiens pour mieux tracer le chemin vers la réconciliation ? »

Cette idée inspirante provient de Tyler Fuller, un homme autochtone de la Première Nation Kawatoose, en Saskatchewan. Après avoir visionné avec horreur les nouvelles du pensionnat de Kamloops, où ont été retrouvées les 215 tombes anonymes, Fuller est entré en contact avec son vieil ami, le Chef Willie Sellars, de la bande Sugar Cane, basée dans les environs de Williams Lake. C'est Sellars qui a présenté Fuller à Phyllis Webstad, fondatrice de la Société du chandail orange. Fuller et Webstad ont discuté de son idée.

Ensemble, la Société du chandail orange et l'*Orange Jersey Project* ont mis sur pied un organisme désormais reconnu à l'échelle nationale pour son impact positif. Grâce au soutien de Canadian Tire, des équipes de hockey mineur participantes partout sur l'île de la Tortue reçoivent des chandails de hockey gratuits. Les joueurs portent des chandails orange à leurs entraînements afin de s'éduquer et de sensibiliser les autres avec la phrase *Why Orange* [« Pourquoi orange »] ? L'organisme a également développé un logiciel d'apprentissage LMS pour que les jeunes athlètes autochtones et allochtones puissent s'instruire d'un océan à l'autre.

Si vous souhaitez inscrire votre équipe de hockey, et participer ainsi au mouvement de vérité et réconciliation par le sport, visitez le www.orangejerseyproject.ca[5]

Le logo de l'*Orange Jersey Project* a été en partie créé par Shayne Hommy, dont le dessin était le design officiel de la Journée du chandail orange de 2021. À l'époque où Shayne, une élève crie à l'école secondaire South Peace, à Dawson Creek, a remporté cet honneur, elle était en 11e année. Son dessin symbolise la justice pour les peuples autochtones et la conscience de leur vécu.

Entreprises

Les entreprises sont au cœur des activités d'une communauté. Lorsque des événements tragiques ou délicats se déroulent, soyez sensibles et consciencieux. Il y a plusieurs manières pour une entreprise de démontrer son soutien aux communautés autochtones dans ces moments difficiles. En tant qu'entreprise locale, voici quelques manières de communiquer de tels messages :

- Affichez des écriteaux ou des appels à l'action sur votre babillard
- Ayez en stock des livres d'histoire autochtone et les ouvrages sur le chandail orange de Phyllis Webstad
- Affichez le logo de la Journée du chandail orange, « Chaque enfant compte »
- Faites la promotion du changement social et luttez pour les droits autochtones au Canada

Écrire une lettre

Écrivez une lettre à votre gouvernement local, provincial ou national pour l'inciter à déployer davantage d'efforts pour la réconciliation et la sensibilisation à la Journée du chandail orange. En vous instruisant sur la réconciliation, vous pourriez prendre conscience de certaines actions qui devraient être entreprises pour provoquer le changement. En élevant votre voix pour exiger de telles actions, vous participerez activement à la création d'un environnement qui soutient la guérison, la réparation et la réconciliation.

Écrire une lettre est un geste participatif qui peut être posé à n'importe quel moment de l'année, et qui soutient la mission de la Journée du chandail orange et de la Société du chandail orange.

Faire un don

Si vous souhaitez faire un don à la Société du chandail orange, vous pouvez le faire en vous rendant sur notre site web.
www.orangeshirtday.org

Le chandail officiel de la Journée du chandail orange

Chaque année, la Société du chandail orange choisit un design officiel pour son chandail. Ça pourrait être le vôtre ! Pour en savoir plus, rendez-vous au www.orangeshirtday.org.

Le chandail officiel de 2023 a été créé par Charliss Santos, un élève de 10e année.

> « Pour moi, la Journée du chandail orange est une journée de commémoration, où nous nous penchons sur notre passé sombre et réfléchissons aux actions que nous avons posées pour les Premières Nations. Mon design montre un enfant autochtone tenu entre deux mains, avec des personnes, un cœur et un aigle [...]. **L'enfant symbolise tous les enfants autochtones qui ont souffert dans les pensionnats.** Les personnes représentent la force de la communauté qu'ont bâtie les Premières Nations [...]. **Le cœur représente la guérison et le pardon, et enfin, l'aigle représente l'acceptation, l'honnêteté et la liberté.** Je porte mon chandail orange pour montrer mon soutien à la communauté autochtone, et pour leur dire qu'ils ne sont pas seuls dans leur processus de guérison. »
> — Charliss Santos, élève de 10e année[6].

Questions pour le chapitre 5

RÉFLEXION SUR L'APPRENTISSAGE

1) Quel est le pouvoir d'action de la Journée du chandail orange ?
2) Y a-t-il des limites à la manière convenable de participer à la Journée du chandail orange ?
3) À quoi faut-il réfléchir avant d'acheter son chandail orange ?
4) A-t-on le droit de créer son propre chandail ? Si oui, que doit-il inclure ?
5) Peu importe où on se procure le chandail, quel message doit s'y trouver, et de quelle couleur doit-il être ?
6) Dans quels livres peut-on apprendre l'histoire de Phyllis ?
7) Pourquoi est-ce important de devenir un allié et de soutenir les peuples autochtones ? Comment faire la promotion de la Journée du chandail orange ?
8) Quelles sont certaines des choses que les alliés doivent garder en tête, selon Amnistie Internationale ? Pourquoi est-ce important de se les rappeler ?
9) Murray Sinclair a dit que « l'éducation est […] la clé de la réconciliation ». Selon vous, que veut-il dire par là ? Comment l'éducation peut-elle mener à la réconciliation ?
10) Quelles sont les manières dont les écoles peuvent participer ?
11) Pourquoi créer de l'art est-il une manière positive d'exprimer vos sentiments par rapport à votre apprentissage sur les pensionnats et la réconciliation ?
12) Comment les gens peuvent-ils participer au mouvement ? Nommez plusieurs manières.
13) Quelles sont les différentes façons de faire preuve d'empathie lors des événements axés sur la guérison et la réconciliation ?
14) Comment Tyler Fuller a-t-il honoré l'histoire du système de pensionnats indiens ?
15) Que représentent les symboles que l'on retrouve sur le chandail orange officiel de 2023 ?
16) Que signifie « créer un espace d'écoute » pour les survivants et leurs familles ? Pourquoi est-ce important vis-à-vis des objectifs de la Journée du chandail orange ?
17) Votre participation et votre éducation vous aideront à combattre le racisme envers les Autochtones ainsi que les stéréotypes et les préjugés à leur égard. Afin de le faire efficacement, à quoi devrait ressembler, selon vous, une telle éducation ?
18) Qu'est-ce que la reconnaissance territoriale et comment peut-elle contribuer à nous mener vers la réconciliation ?

RECHERCHE

1) Afin de parfaire votre éducation, il est indispensable de découvrir les ressources autochtones de votre communauté. Quelles sont certaines des ressources offertes par votre école ? Vous pouvez dresser une liste, préparer une présentation PowerPoint ou créer une affiche.
2) Faites des recherches sur les éléments qui doivent être compris dans une reconnaissance territoriale. Avec cette information en main, écrivez-en une pour le territoire sur lequel vous vivez.

Activité

Créez une affiche informative pour présenter les ressources.
Faites preuve de créativité pour qu'elle soit visuellement attrayante !

Créez un acrostiche avec le mot O.R.A.N.G.E.
Chaque lettre doit représenter un mot ou une phrase reliée à la Journée du chandail orange.

O ____

R ____

A ____

N ____

G ____

E ____

Sources

1) « 10 WAYS TO BE A GENUINE ALLY TO FIRST NATIONS COMMUNITIES » https://www.amnesty.org.au/10-ways-to-be-an-ally-to-first-nations-communities/, consulté le 1er février 2023.

2) « 10 WAYS TO BE A GENUINE ALLY TO FIRST NATIONS COMMUNITIES » https://www.amnesty.org.au/10-ways-to-be-an-ally-to-first-nations-communities, consulté le 1er février 2023.

3) Haydn Watters, « Truth and Reconciliation Chair Urges Canada to Adopt UN Declaration on Indigenous Peoples », CBC News, 1er juin 2015, https://www.cbc.ca/1.3096225?vfz=medium%3Dsharebar, consulté le 15 mai 2020.

4) Ren Louie, entretien personnel, février 2023.

5) « Orange Jersey Project », https://orangejerseyproject.ca/, consulté en janvier 2023.

6) Charliss Santos, soumission de design pour le chandail orange officiel, mars 2023.

Cœurs en tissu remplis de plantes médicinales traditionnelles, notamment du tabac, du cèdre, du foin d'odeur et de la sauge. Photo gracieuseté de Jacqueline Maurer et du Dze L Kant Friendship Centre sur le territoire Wet'suwet'en.

CHAPITRE

6 Réconciliation
bâtir un avenir commun

La Société du chandail orange explore constamment de nouveaux territoires et cherche toujours à approfondir sa compréhension de la réconciliation et de ce que celle-ci signifie pour les Canadiens. Sa mission première est de « soutenir les efforts de réconciliation autour des pensionnats autochtones ».

Au moment de faire des recherches et de mener des entretiens pour constituer ce livre, il s'est avéré qu'il existe différentes visions de la réconciliation, et que celles-ci sont toutes valables. La conception qu'a une personne de la réconciliation dépendra de ses expériences, de son patrimoine culturel, de son historique familial, de son éducation et de l'endroit où elle vit. Toutes ces éléments pris ensemble constituent sa vision du monde.

Le dictionnaire Oxford définit la vision du monde (« *worldview* ») ainsi :

> *« Un ensemble de présuppositions et croyances largement inconscientes, mais généralement cohérentes propre à chaque personne qui façonnent la manière dont nous interprétons le monde et tout ce qui s'y trouve, ce qui, inversement, influence la façon dont nous nous percevons en tant qu'individus, dont nous interprétons notre rôle dans la société et dont nous abordons les enjeux sociaux, ainsi que ce que nous percevons comme la vérité[1]. »*

La Société du chandail orange a décidé de présenter certaines de ces visions de la réconciliation et de vous mettre au défi de déterminer ce que signifie la réconciliation pour vous. Au fil de votre propre cheminement, la Société vous incite également à prendre part à des discussions et à réfléchir aux effets de la réconciliation sur vos camarades de classe, votre école, votre famille et votre communauté.

Il n'y a pas de bonne ni de mauvaise manière d'explorer la réconciliation.

En 2014, les Chefs de l'Assemblée des Premières Nations ont adopté une résolution en soutien à la Journée du chandail orange en lançant « un appel à tous les Canadiens à ouvrir leur cœur et à écouter les histoires des survivants et de ceux qui subissent les conséquences des pensionnats afin de mieux se comprendre les uns les autres. C'est là le premier pas vers la réconciliation[2] ».

Dans ce chapitre, la Société cite largement le rapport final de la Commission de vérité et réconciliation (CVR), paru en juin 2015, accessible dans son entièreté au www.nctr.ca. Le rapport final se clôt sur 94 appels à l'action « [a]fin de remédier aux séquelles laissées par les pensionnats et de faire avancer le processus de réconciliation[3] ». Ceux-ci s'adressent aux gouvernements, aux écoles, aux entreprises et à tous les citoyens, afin que, tous ensemble, nous fassions advenir le changement.

Enfants manifestant à la Journée du chandail orange à Shulus, en Colombie-Britannique. Photo prise par Dara Hill, du *Merritt Herald*.

Œuvre de Sabriyya Ashe, élève de l'école Fern Hill.

Que disent les gens sur la réconciliation ?

La réconciliation, au Canada, comporte plusieurs facettes, et les citoyens s'y engagent de différentes manières. La Société du chandail orange se concentre sur la réconciliation reliée aux pensionnats, qui comprend notamment un processus et un cheminement personnels. Dans cette optique, la réconciliation est un phénomène nouveau, et la population est encore en train d'essayer de la comprendre et de s'y fier.

Le Larousse définit la réconciliation comme suit :

« Action de réconcilier des adversaires, des gens fâchés entre eux[4] *»*.

Anne Burrill, l'une des fondatrices de la Société du chandail orange, a dit : « La réconciliation est à la fois un cheminement personnel et un processus public[5]. »

La Commission de vérité et réconciliation décrit la réconciliation comme « un processus individuel et collectif qui nécessitera l'engagement de tous les intervenants touchés incluant les premières nations, les anciens élèves inuits et métis des pensionnats indiens et leurs familles, les collectivités, les organismes religieux, les anciens employés des écoles, le gouvernement et la population canadienne[6]. »

La Commission de vérité et réconciliation a déclaré que « la réconciliation consiste à établir et à maintenir une relation de respect réciproque entre les peuples autochtones et non autochtones dans ce pays. Pour y arriver, il faut prendre conscience du passé, reconnaître les torts qui ont été causés, expier les causes et agir pour changer les comportements[7]. »

L'aîné Stephen Augustine a déclaré qu'il y avait « à la fois un endroit propice pour parler de réconciliation et un besoin de réfléchir en silence. La réconciliation ne peut se faire sans l'écoute, la contemplation, la méditation et une profonde réflexion interne[8] ».

Le premier ministre de la Colombie-Britannique John Horgan a affirmé : « La réconciliation est un travail ardu. Elle ne commence ni ne se termine avec une seule décision, un seul événement ou moment. Aucun individu ne décide ce que peut ou doit être la réconciliation. C'est un cheminement partagé. Nous savons que le chemin ne sera pas facile. Pour parvenir à destination, nous devons rester engagés dans ce processus et continuer à communiquer les uns avec les autres pour trouver un terrain d'entente commun[9]. »

Vancity, membre fondateur de l'initiative Réconciliation Canada et généreux donateur à la Société du chandail orange, déclare :

« Le processus de réconciliation est important pour tous les Canadiens, car il est à la base de la façon dont nous nous traitons les uns les autres et du type de relations et communautés que nous souhaitons bâtir pour l'avenir […].

Beaucoup de Canadiens ne connaissent pas véritablement les séquelles des pensionnats indiens et ne savent pas que celles-ci se ressentent encore des générations plus tard, contribuant à des problématiques sociales […]. Plus de 150 000 enfants des Premières Nations, Métis et Inuits ont été placés dans ces écoles. Les liens avec la culture et la famille, les compétences parentales et les relations intergénérationnelles ont été endommagés ou perdus. Des vies ont été brisées. Il est temps de reconnaître et de comprendre le passé et de trouver une nouvelle façon d'avancer[10]. »

Lorena Fontaine, participante à un atelier de récits numériques pour les femmes autochtones sur la thématique de la réconciliation intergénérationnelle écrit :
« La réconciliation, c'est une question d'histoires et de notre capacité à les raconter. Je pense que notre côté intellectuel veut commencer à trouver les mots pour définir la réconciliation. Et puis il y a le savoir du cœur, celui qui vient de nos expériences de vie. Il peut être difficile de relier les deux et de faire le lien avec la réconciliation[11] ».

Le Chef Fred Robbins a dit : « Les monuments [érigés lors de la commémoration SJM] s'adressent aux vivants et serviront à apaiser les esprits des survivants des pensionnats et leur offrir la liberté de triompher en tant que membres des Premières Nations. Au cours du rassemblement, j'ai senti que la société dominante a entendu pour la première fois les Premières Nations à Williams Lake. Pour la première fois, des personnes non autochtones étaient conscientes des pensionnats. En général, la réconciliation, c'est reconnaître que quelque chose s'est produit, qu'une guérison doit avoir lieu, autrement cela risque de se reproduire[12]. »

Le Chef Fred Robbins avec l'un des deux monuments commémoratifs.
Photo de Monica Lamb-Yorksi du *Williams Lake Tribune*.

Le processus de réconciliation

Lors de la création de ce livre, trois thèmes se sont imposés comme des conditions préalables à la réconciliation au Canada : l'éducation, la vérité et la reconnaissance de notre histoire commune.

Éducation

La pierre d'assise de la réconciliation est l'éducation. De nombreux chefs autochtones, dont Murray Sinclair, le Chef Fred Robbins et Phyllis Webstad, ont abordé l'importance cruciale de l'éducation pour l'avenir de la réconciliation au Canada.

Murray Sinclair, sénateur et commissaire de la CVR, a affirmé ceci :

> *« Sept générations d'enfants ont fréquenté le pensionnat. On y a inculqué à chacun d'entre eux l'idée que leur vie n'était pas aussi importante que celle des personnes non autochtones de ce pays. On leur a dit que leur langue et leur culture n'avaient pas d'intérêt […].* **Ainsi, plusieurs générations d'enfants, y compris la vôtre et celle de vos parents, ont été élevées de façon à voir les choses différemment […], avec un regard négatif posé sur les Autochtones. Nous devons changer ce regard. C'est le système d'éducation qui a contribué à créer ce problème au pays, et nous croyons que c'est le système d'éducation même qui nous aidera à nous en sortir. Nous devons réfléchir à la façon dont nous éduquons nos enfants. Nous devons réfléchir à notre propre éducation. Nous devons examiner ce que nos manuels scolaires disent sur les Autochtones. Nous devons regarder ce que les Autochtones eux-mêmes ont le droit de dire au sein des systèmes d'éducation au sujet de leur propre histoire […].** *Car nous avons mis plusieurs générations à en arriver là, il faudra encore au moins quelques générations avant que nous voyions notre progrès. Nous ne pouvons pas chercher des solutions rapides et faciles, car elles n'existent pas. Nous devons aborder la question des rapports entre Autochtones et allochtones du point de vue de là où nous souhaitons nous retrouver dans trois, quatre, cinq ou sept générations. Si nous pouvons nous accorder sur une vision de cette relation dans l'avenir, alors nous devons réfléchir à ce que nous sommes en mesure de faire aujourd'hui pour contribuer à cet objectif. Parvenir à la réconciliation, c'est nous assurer que tout ce que nous faisons aujourd'hui vise à rétablir l'équilibre de cette relation*[13]. »

Murray Sinclair, sénateur et commissaire de la CVR, a déclaré : « [À] la commission, nous avons convenu qu'il fallait se pencher sur ce que nous apprenons à nos enfants sur les peuples autochtones et sur l'histoire canadienne, de façon à ce qu'ils en viennent à comprendre que le passé n'est pas aussi rose que certaines écoles veulent bien leur apprendre. Nous devons bien leur faire comprendre la fausseté de la doctrine de la découverte[14] ».

Cette histoire racontée par le Chef Fred Robbins est une bonne illustration du manque d'éducation sur l'existence des pensionnats :
« Un jour, j'ai fait du covoiturage avec un membre important du district scolaire pour me rendre à un tournoi de soccer, et la personne me posait des questions sur mon enfance. À ma grande surprise, elle n'avait aucune idée qu'il y avait déjà eu un pensionnat ici. De même, Kerry Cook (ancienne mairesse de Williams Lake) m'a raconté que sa connaissance du pensionnat se limitait à la piscine qui se trouvait sur les lieux. Nous, nous n'avions pas le droit d'y nager. Et quand je suis retourné visiter l'école primaire 150 Mile (où je suivais mes cours alors que je vivais au pensionnat), dont le nouveau directeur est un de mes anciens camarades de classe, j'ai appris qu'il ignorait que je rentrais tous les soirs pour retrouver les horreurs du pensionnat[15]. »

Le rapport final de la CVR affirme que « tous les élèves—autochtones et non autochtones—doivent savoir que l'histoire de ce pays ne commence pas avec l'arrivée de Jacques Cartier sur les rives du fleuve Saint-Laurent. Ils doivent découvrir les nations autochtones que les Européens ont rencontrées, leur riche patrimoine linguistique et culturel[16] [...] ».

Vérité

Afin de parvenir à la réconciliation, chacun doit faire l'effort d'écouter les vérités douloureuses sur ce qui s'est produit dans les pensionnats, de même que sur les séquelles intergénérationnelles qu'ont laissées ceux-ci. La Journée du chandail orange ouvre la porte aux discussions sur tous les aspects des pensionnats et crée un espace sécuritaire pour que les survivants et leurs familles puissent raconter leurs vérités.

Phyllis Webstad dit que « la vérité de ce qui s'est passé doit être racontée et comprise afin que la réconciliation puisse avoir lieu. En tant que survivante, j'exhorte tous les Canadiens à ouvrir leur cœur et leur esprit à nos vérités[17] ».

Kerry Cook, qui était la mairesse de Williams Lake au moment du projet de commémoration, est revenue sur sa relation avec le Chef Fred Robbins : « Je me souviens de son courage au moment de raconter sa vérité. Sa force et sa vulnérabilité venaient des profondeurs de son être, et tandis qu'il racontait son histoire, quelque chose s'est réveillé au plus profond de moi. On ne fait pas très souvent une rencontre divine ; une vision partagée qui éveille votre âme. Quand j'y repense, c'était comme si le terreau de mon cœur avait été préparé d'avance pour cet instant précis. Quand il a partagé sa vision, c'était comme s'il plantait une semence directement dans mon cœur[18]. »

Une histoire partagée

L'histoire douloureuse des pensionnats appartient à tous les Canadiens. Il est désormais de la responsabilité de tous les Canadiens de s'instruire sur le passé et de faire des choix éclairés au présent pour un avenir inclusif.

Phyllis Webstad a dit : « Ce n'est pas que de l'histoire autochtone, c'est de l'histoire canadienne[19]. »

Murray Sinclair a déclaré que « la réconciliation au sens large, du point de vue de la commission, signifie que nous devons aussi convaincre la société canadienne qu'il s'agit de son histoire également[20]. »

Le rapport final de la Commission vérité et réconciliation cite l'expérience d'une femme non autochtone, qui a dit : « En écoutant votre histoire, j'ai compris que ma propre histoire peut changer. En écoutant votre histoire, je sais que je peux changer[21]. »

La réconciliation, c'est l'avenir

Le mouvement de la Journée du chandail orange nous a montré que la population canadienne, en particulier les jeunes, est déterminée à créer un avenir meilleur où la réconciliation est un mode de vie.

Selon le Chef Fred Robbins, « la réconciliation doit arriver en temps et lieu. On ne peut pas imposer de chronologie. Une fois la réconciliation accomplie à un certain degré, il doit y avoir restitution : nous redonner notre autorité – les choses doivent changer[22] ».

Phyllis Webstad déclare avec passion que son objectif est de « continuer à raconter mon histoire pour que les gens partout dans le monde sachent de première main ce qui s'est passé et qu'il ne faut jamais que cela se reproduise. À mes petits-enfants, je souhaite de vivre des vies différentes et meilleures, et je souhaite aussi que les vies des prochaines générations s'améliorent de plus en plus dans ce nouveau monde que nous sommes en train de créer. Nous sommes tous là pour rester. Nous devons apprendre à vivre ensemble et à se respecter[23]. »

L'aîné Barney Williams, membre du Comité des survivants de la Commission de vérité et réconciliation, a dit : « Je pense que de plus en plus de gens se rendent compte que l'engagement des jeunes est crucial. En tant que survivant, j'ai été très impressionné de voir à quel point ils étaient au courant. J'ai été très impressionné par les questions posées par le public. J'en conclus – moi qui ai porté en moi cette douleur pendant plus de 68 ans – qu'il y a de l'espoir. Enfin, de l'espoir à l'horizon, et ça vient du bon endroit. Ça vient de la jeunesse[24]. »

Murray Sinclair a déclaré : « Ça m'est égal de savoir si vous vous sentez responsables du passé. La vraie question, c'est si vous vous sentez responsables pour l'avenir, parce que c'est tout ce qui compte[25]. »

Phyllis a dit : « J'ai lu récemment que la réconciliation était morte. En lisant ça, je me suis dit : pas du tout ! La graine de la réconciliation est en voie d'être plantée dans les écoles primaires et secondaires partout au pays[26]. »

En réfléchissant à l'avenir, Murray Sinclair a dit : « [L]a réconciliation ne viendra pas facilement. Les pensionnats ont mis 150 pour faire tous ces dégâts. Vous savez, mon grand-père était menuisier, et il me disait souvent qu'il est beaucoup plus facile de détruire quelque chose que de le bâtir. Ils [le gouvernement canadien] ont mis 150 pour détruire les choses, alors nous risquons de mettre longtemps à tout reconstruire. Mais nous devons le faire […]. Nous devons apprendre à bien nous entendre et à nous traiter avec respect[27]. »

« Notre avenir, et le bien-être de tous nos enfants, dépend des types de relations que nous tissons aujourd'hui », **dit le Chef Dr Robert Joseph (OBC), survivant des pensionnats et fondateur de Réconciliation Canada**[28].

Les œuvres qu'ont créées les enfants en s'inspirant de la Journée du chandail orange et de la réconciliation nous montrent que Phyllis et l'aîné Barney Williams ont raison. Les jeunes Canadiens se passionnent plus que jamais pour la restauration des droits autochtones et pour le dévoilement de leurs vérités collectives. Murray Sinclair nous rappelle que la réconciliation demandera du temps, un temps qu'il faut prendre pour rebâtir et avancer tous ensemble. Ce processus exige que nous marchions tous côte à côte sur la voie de la compréhension et de la réconciliation.

La réconciliation et la voie à suivre

Peu importe à quoi ressemble votre chemin vers la réconciliation, n'arrêtez jamais d'avancer. Le parcours ne sera pas sans embûches, mais il est certain que vos efforts contribueront à changer l'avenir. Rappelez-vous que vous n'êtes pas seuls. Phyllis Webstad, la Société du chandail orange et beaucoup d'autres sont à vos côtés. Les gestes posés et les engagements pris aujourd'hui influenceront des générations de Canadiens dans l'avenir.

Le rapport final de la Commission de vérité et réconciliation déclare : « Tous les Canadiens doivent prendre un engagement ferme et durable envers la réconciliation, afin de veiller à ce que le Canada soit un pays où nos enfants et nos petits-enfants puissent s'épanouir et prospérer[29]. »

Lorsqu'on lui a demandé s'il avait des questions pour les Canadiens allochtones, le Chef Fred Robbins a répondu ceci : « Passez le mot. Restez sur la bonne voie. Sachez que vous n'êtes pas simplement en train de vous instruire : vous aidez des générations de survivants des pensionnats. Les termes "allié", compagnon de lutte signifient que vous comprenez que même si vous n'avez pas traversé les mêmes épreuves et que vous ne pouvez donc pas tout à fait comprendre, vous souhaitez améliorer les choses. Lorsqu'on s'exprime à partir du cœur, on ne peut pas se tromper, il n'y a pas de bonne ou de mauvaise réponse[30]. »

Dans l'édifice de la faculté de droit, à l'Université Queen's, il y a une citation puissante de Murray Sinclair : « Le chemin est aussi important que la destination. Il n'y a pas de raccourcis possibles. Lorsqu'il est question de vérité et de réconciliation, on n'a pas d'autre choix que de tenir la route[31]. »

Phyllis Webstad signe une courte-pointe réalisée par les élèves de l'école primaire Chester Area, le 27 janvier 2020, en Nouvelle-Écosse. Photo de Sarah Philbrick.

Le dernier mot va à Phyllis Webstad :

« *En présentant des conférences dans des écoles et des organismes partout au Canada, j'ai rencontré des personnes extraordinaires de tous les âges et de toutes les provenances. **Ce que j'ai vu de mes propres yeux, c'est que les gens se soucient de nous**, ils s'intéressent à nos vérités, ils sont engagés envers le processus de réconciliation. Quand les gens sont renseignés, ils peuvent agir. Quand j'ai l'occasion de parler directement aux survivants, je m'assure toujours de leur dire que j'ai l'impression que notre avenir est entre bonnes mains. **Un jour, il n'y aura plus de survivants au Canada, et je veux que ceux qui sont encore en vie soient conscients que nous pouvons quitter cette terre en sachant que les enfants apprennent ce qui nous est arrivé, qu'ils ont de l'empathie pour nous et qu'ils s'assureront que cela ne se reproduira plus jamais**[32].* »

1) Pourquoi y a-t-il plusieurs façons de voir la réconciliation ? Dans quelle mesure est-il vrai de dire « il n'y a pas de bonne ni de mauvaise façon d'explorer la réconciliation » ? Y a-t-il des manières inappropriées de le faire ? Si oui, quelles seraient-elles ?

2) Qu'est-ce qui constitue une vision du monde ?

3) Dans vos propres mots, expliquez la définition que donne le dictionnaire Larousse de la réconciliation.

4) Si « le premier pas vers la réconciliation » est que tous les Canadiens [ouvrent] leur cœur et [écoutent] les histoires des survivants et de ceux qui subissent les conséquences des pensionnats afin de mieux se comprendre les uns les autres », quels pourraient être les pas suivants ?

5) Complétez. Selon Anne Burrill, « La réconciliation est à la fois un cheminement __________ et un processus _______ ». Qu'est-ce que cela signifie ?

6) Complétez. Selon la CVR, la réconciliation est « un _______ individuel et collectif qui nécessitera _______ de tous les intervenants touchés incluant les premières nations, les anciens élèves inuits et métis des pensionnats indiens et leurs familles, les collectivités, les organismes religieux, les anciens employés des écoles, le gouvernement et la population canadienne. » Pourquoi la réconciliation exige-t-elle un engagement ?

7) Complétez. Le premier ministre de la Colombie-Britannique John Horgan a déclaré : « La réconciliation est un travail _____. Elle ne commence ni ne se termine avec une _____ décision, un _____ événement ou moment. Aucun individu ne décide ce que peut ou doit être la réconciliation. C'est un cheminement _____. »

8) Complétez. « Les monuments [érigés lors de la commémoration SJM] s'adressent aux _____ et serviront à _______ des survivants des pensionnats et leur offrir ___________ en tant que membres des Premières Nations. Au cours du rassemblement, j'ai senti que la société dominante _______ pour la première fois les Premières Nations à Williams Lake. Pour la première fois, des personnes non autochtones étaient _______ des pensionnats. En général, la réconciliation, c'est _______ que quelque chose s'est produit, qu'une _______ doit avoir lieu, autrement cela risque de _______. » Pourquoi cela risque-t-il de se reproduire ?

9) Complétez. Vancity affirme : « Le processus de réconciliation est important pour tous les _______, car il est à la base de la façon dont nous nous _______ les uns les autres et du type de _______ et _____ que nous souhaitons bâtir pour _____ [...]. Beaucoup de Canadiens ne connaissent pas vraiment les _____ des pensionnats indiens et ne savent pas que celles-ci _______ encore des _______ plus tard, contribuant _______ [...]. Plus de _______ des Premières

Nations, Métis et Inuits ont été placés dans ces écoles. _____ avec la culture et la famille, les compétences _______ et les relations _______ ont été _______ ou perdus. Des vies ont été _______. Il est temps de _______ et de _______ le passé et de trouver une nouvelle façon _______. »

10) Quelles trois thématiques vous paraissent incontournables pour la réconciliation au Canada ? En quoi chacune est-elle importante pour la reconnaissance de notre histoire commune ? Que disent les autres au sujet de ces trois thématiques ?

11) Qu'est-ce qui vous frappe dans les déclarations au sujet de la réconciliation comme vision de l'avenir ? Pourquoi ?

12) Complétez. Le rapport final de la Commission de la vérité et réconciliation affirme que « [t]ous les Canadiens doivent prendre un engagement _______ et _______ envers _______, afin de veiller à ce que _______ soit un pays où nos enfants et nos petits-enfants puissent _______. »

13) Complétez. Le Chef Fred Robbins a formulé le conseil suivant : « Passez le _____. Restez sur _______. Sachez que vous n'êtes pas simplement en train de vous _______ : vous _______ des _______ de survivants des pensionnats. Les termes _____, compagnon de lutte signifient que vous _______ que même si vous n'avez pas _______________ et que vous ne pouvez donc pas tout à fait comprendre, vous souhaitez _______. Lorsqu'on s'exprime à partir du _______, on ne peut pas se _______, il n'y a pas de _______ ou de _______. » Qu'est-ce que cela signifie pour vous ?

14) Complétez. Murray Sinclair a dit : « Le _____ est aussi _______ que la _______. Il n'y a pas de _______ possibles. Lorsqu'il est question de _______ et de _______, on n'a pas d'autre choix que _______. »

15) Qu'est-ce qu'a pu observer Phyllis Webstad au fil de ses présentations dans les écoles et les organismes ? Pourquoi croit-elle que l'avenir des survivants et de leurs familles est entre bonnes mains ?

16) Que signifie la réconciliation pour vous ? Quelles actions pourriez-vous entreprendre pour participer au processus ?

17) Les pensionnats ont existé pendant plus d'un siècle, et leurs séquelles se font encore ressentir de nos jours. À votre avis, à quoi ressemblera la réconciliation au cours des cent prochaines années ? Comment les vies des Autochtones se transformeront-elles ?

18) Dans ce livre ou ailleurs, repérez un exemple d'une personne qui s'est engagée sur la voie de la réconciliation. Comment a-t-elle accompli cela ? Qu'est-ce qui l'a inspirée ? Quelles ont été les retombées de ses gestes ?

Maintenant que vous en savez beaucoup sur la réconciliation et sur la Journée du chandail orange, imaginez que vous êtes responsable d'un événement s'inscrivant dans le cadre de celle-ci.

Préparez un programme pour la journée qui comprendra des détails sur votre événement, y compris les informations suivantes :

- Quelles activités seront offertes ?
- Comment ferez-vous la promotion de l'événement ?
- Comment aborderez-vous la question des pensionnats ?
- Qui seront vos invités ?
- Comment vous y prendrez-vous pour accueillir un aîné dans le respect et la bienveillance ?

Consultez le www.orangeshirtday.org pour davantage de ressources et d'idées.

Sources

1) « Worldview », Dictionnaire Oxford, https://www.oxfordreference.com/view/10.1093/oi/authority.20110803124830471, consulté le 15 mai 2020.

2) « Assembly of First Nations 2014 General Assembly, Halifax, N.S. », https://www.afn.ca/uploads/files/afn_aga_2014_resolutions_final_en.pdf, consulté le 25 mai 2020, p. 18.

3) « Commission de vérité et réconciliation du Canada : Appels à l'action », Commission de vérité et réconciliation du Canada, 2015, http://trc.ca/assets/pdf/Calls_to_Action_French.pdf, consulté le 19 décembre 2023.

4) « Réconciliation », Dictionnaire Larousse, https://www.larousse.fr/dictionnaires/francais/réconciliation, consulté le 19 décembre 2023.

5) « Artist Workshops to Focus on Reconciliation », *The Williams Lake Tribune*, https://www.wltribune.com/community/artist-workshops-to-focus-on-reconciliation/, consulté le 24 mai 2020.

6) « Notre mandat », Commission de vérité et réconciliation du Canada, http://www.trc.ca/about-us/our-mandate-fr.html, consulté 19 décembre 2023.

7) « La réconciliation. Rapport final de la Commission de vérité et réconciliation du Canada, volume 6 », Commission de vérité et réconciliation du Canada, 2015, https://www.trc.ca/assets/pdf/French_Volume_6_Reconciliation_Web_Revised.pdf, consulté le 19 décembre 2023, p. 3.

8) « Honorer la vérité, réconcilier pour l'avenir. Sommaire du rapport final de la Commission de vérité et réconciliation du Canada », Commission de vérité et réconciliation du Canada, 2015, http://trc.ca/assets/pdf/French_Executive_Summary_Web.pdf, consulté le 19 décembre 2023, p. 17.

9) Julian Kolsut et Tess Straaten, « Victoria Police Investigating Reports of Assault at Wet'suwet'en Protect at BC Legislature », *Chek News*, Vancouver, le 11 février 2020, https://www.cheknews.ca/protests-continue-in-victoria-ahead-of-throne-speech-645602/, consulté le 24 mai 2020.

10) « Reconciliation Canada », *Vancity*, https://www.vancity.com/AboutVancity/InvestingInCommunities/Partnerships/ReconciliationCanada/, consulté le May 24, 2020.

11) « Honorer la vérité, réconcilier pour l'avenir. Sommaire du rapport final de la Commission de vérité et réconciliation du Canada », Commission de vérité et réconciliation du Canada, 2015, http://trc.ca/assets/pdf/French_Executive_Summary_Web.pdf, consulté le 19 décembre 2023, p. 242.

12) Chef Fred Robbins, entretien personnel, février 2020.

13) « Justice and Federal Commissioner Murray Sinclair Speech », Commission de vérité et réconciliation, *The Commemoration Project Events*, tourné par John Dell, Signal Point Media, 2013, DVD.

14) « Justice and Federal Commissioner Murray Sinclair Speech », Commission de vérité et réconciliation, *The Commemoration Project Events*, tourné par John Dell, Signal Point Media, 2013, DVD.

15) Chef Fred Robbins, entretien personnel, février 2020.

16) « La réconciliation. Rapport final de la Commission de vérité et réconciliation du Canada, volume 6 », Commission de vérité et réconciliation du Canada, 2015, https://www.trc.ca/assets/pdf/French_Volume_6_Reconciliation_Web_Revised.pdf, consulté le 19 décembre 2023, p. 119.

17) Phyllis Webstad, entretien personnel, janvier 2020.

18) Kerry Cook, entretien personnel, mars 2020.

19) Phyllis Webstad, entretien personnel, janvier 2020.

20) « Justice and Federal Commissioner Murray Sinclair Speech », Commission de vérité et réconciliation, *The Commemoration Project Events*, tourné par John Dell, Signal Point Media, 2013, DVD.

21) « Rapport final de la Commission de vérité et réconciliation du Canada, Volume 1 », Commission de vérité et réconciliation du Canada, https://www.trc.ca/assets/pdf/French_Volume_1_History_Part_1_Web.pdf, consulté le 19 décembre 2023, p. 21.

22) Chef Fred Robbins, entretien personnel, février 2020.

23) Phyllis Webstad, entretien personnel, janvier 2020.

24) « Honorer la vérité, réconcilier pour l'avenir. Sommaire du rapport final de la Commission de vérité et réconciliation du Canada », Commission de vérité et réconciliation du Canada, 2015, http://trc.ca/assets/pdf/French_Executive_Summary_Web.pdf, consulté le 19 décembre 2023, p. 243.

25) « Justice and Federal Commissioner Murray Sinclair Speech », Commission de vérité et réconciliation, *The Commemoration Project Events*, tourné par John Dell, Signal Point Media, 2013, DVD.

26) Phyllis Webstad, entretien personnel, janvier 2020.

27) « Justice and Federal Commissioner Murray Sinclair Speech », Commission de vérité et réconciliation, *The Commemoration Project Events*, tourné par John Dell, Signal Point Media, 2013, DVD.

28) « Réconciliation Canada », https://reconciliationcanada.ca/, consulté le 25 mai 2020.

29) « Honorer la vérité, réconcilier pour l'avenir. Sommaire du rapport final de la Commission de vérité et réconciliation du Canada », Commission de vérité et réconciliation du Canada, 2015, http://trc.ca/assets/pdf/French_Executive_Summary_Web.pdf, consulté le 19 décembre 2023, p. 317.

30) Chef Fred Robbins, entretien personnel, février 2020.

31) « Keeping reconciliation at the forefront », *Queen's Gazette*, le 12 septembre 2019, https://www.queensu.ca/gazette/stories/keeping-reconciliation-forefront, consulté le 25 mai 2020.

32) Phyllis Webstad, entretien personnel, janvier 2020.

Phyllis Webstad admirant les œuvres d'art des élèves de la Desert Sands Community School, Ashcroft, BC, présentation en 2019

CHAPITRE 7

GLOSSAIRE

Les **agents indiens** étaient des administrateurs ou des représentants du gouvernement canadien qui exerçaient une autorité sur les peuples autochtones et les terres des réserves. Comme l'explique Phyllis Webstad, « les agents indiens avait plus de pouvoir que les chefs et les matriarches ».

Allié : Être un allié ou une alliée, c'est s'engager dans un processus consistant à bâtir des relations durables fondées sur la confiance et le respect.

Assimilation : Le processus par lequel un groupe culturel minoritaire se fait absorber dans une société dominante, avec comme conséquence la perte de sa culture, de sa langue et de ses savoirs.

Autochtones est un terme qui « désigne les premiers peuples au Canada ainsi que leurs descendants. La *Loi constitutionnelle de 1982* stipule que les peuples autochtones au Canada sont répartis en trois groupes : les Indiens, les Inuit et les Métis. Il s'agit de trois peuples, chacun se distinguant des autres par son patrimoine, sa langue, ses habitudes culturelles et ses croyances. »

Bande (ou **bande indienne**) : Une unité d'administration d'Indiens au Canada instaurée par la Loi sur les Indiens, en 1876. La Loi sur les Indiens définit la « bande » comme un « groupe d'Indiens ».

Colonisation : Coloniser, c'est tenter de prendre le contrôle d'un territoire étranger en imposant de force son gouvernement et sa culture.

La **Commission de vérité et réconciliation du Canada** (CVR) a été fondée le 2 juin 2008 et visait à révéler la vérité derrière les pensionnats autochtones et offrir un soutien aux survivants et à leurs familles. La CVR a été créée à partir de Convention de règlement relative aux pensionnats indiens (CRRPI).

Désapprendre, c'est se défaire de vieilles habitudes et de leçons et de concepts appris au préalable.

Doctrine de la découverte : Idéologie selon laquelle l'Amérique du Nord a été « découverte » par les Européens. Cette doctrine a été employée par les gouvernements monarchiques européens à partir du xve siècle pour légitimer la colonisation de territoires en-dehors de l'Europe en les considérant comme vacants ou inhabités. Même si les peuples autochtones vivaient déjà sur ces terres, ceux-ci étaient considérés comme non humains par les Européens, ce qui permettait de justifier la « découverte ».

Enfants qui ne sont jamais rentrés : les enfants sont qui sont morts de malnutrition, de maladies ou de blessures en raison des circonstances et des sévices qu'ils ont soufferts dans les pensionnats. De nombreux enfants ont aussi tenté de s'échapper des pensionnats, mais sont morts en tentant de retrouver le chemin de la maison. Les archives montrent que 6000 enfants sont morts dans les pensionnats, mais celles-ci sont incomplètes, et on pense que beaucoup d'autres enfants ne sont jamais rentrés. Des enquêtes sont en cours pour tenter de retrouver les fosses communes et les tombes non marquées sur les sites de pensionnats partout au pays.

(Le Chef) **Fred Robbins** est d'ascendance Secwépemc (Shuswap) du nord et appartient à la Première Nation Esk'etemc (Alkali Lake). Il avait une vision pour la réconciliation qui supposait que tous se souviennent ou apprennent ce qui s'est passé au pensionnat Mission Saint-Joseph, afin que l'on puisse honorer et soutenir les survivants, et leur permettre de guérir de leurs expériences, pour en arriver par la suite à une réconciliation.

Le **génocide** « s'entend de l'un quelconque des actes ci-après, commis dans l'intention de détruire, ou tout ou en partie, un groupe national, ethnique, racial ou religieux, comme tel : meurtre de membres du groupe ; atteinte grave à l'intégrité physique ou mentale de membres du groupe ; Soumission intentionnelle du groupe à des conditions d'existence devant entraîner sa destruction physique totale ou partielle ; Mesures visant à entraver les naissances au sein du groupe ; Transfert forcé d'enfants du groupe à un autre groupe. »

Indien est un terme erroné et désuet employé pour désigner les peuples autochtones. Il est fondé sur la supposition fausse, de la part des premiers explorateurs européens, qu'ils étaient arrivés en Inde. Malheureusement, il s'agit encore d'un terme « juridique » employé dans la Loi sur les Indiens de 1876, toujours en vigueur aujourd'hui. Aujourd'hui, « indien » est un terme péjoratif, et il n'est employé dans ce livre que pour se référer aux pensionnats indiens et aux autres termes juridiques en lien avec la Loi sur les Indiens.

Inuit : Peuple autochtone qui vit au Nunavut, dans les Territoires du Nord-Ouest, dans le Nord du Québec et dans le Nord du Labrador. Dans la langue des Inuit, l'Inuktitut, le mot « Inuit » signifie « peuple ». Le singulier d'Inuit est Inuk.

John A. Macdonald : « Comme il est à la fois premier ministre et surintendant général des Affaires indiennes, John A. Macdonald est responsable des politiques du gouvernement fédéral envers les peuples autochtones ».

La **Journée du chandail orange** se tient chaque 30 septembre et honore les enfants autochtones qui ont fréquenté les pensionnats indiens, leurs familles et les enfants qui ne sont jamais rentrés. La Journée du chandail orange vise à éduquer et à sensibiliser les gens à la réconciliation en ce qui a trait aux pensionnats indiens et déclare fièrement que « Chaque enfant compte ».

Journée nationale de la vérité et de la réconciliation : « Chaque année, le 30 septembre marque la Journée nationale de la vérité et de la réconciliation. Cette journée est l'occasion de rendre hommage aux enfants qui n'ont jamais pu retourner chez eux et aux survivants des pensionnats ainsi qu'à leurs familles et leurs communautés. La commémoration publique de l'histoire tragique et douloureuse des pensionnats et de leurs séquelles durables est un élément essentiel du processus de réconciliation. » Il s'agit d'un congé fédéral férié.

La **Loi sur les Indiens** est une loi fédérale canadienne adoptée en 1876 qui permet au gouvernement d'avoir une mainmise sur les peuples autochtones et les terres des réserves. L'objectif de la Loi sur les Indiens était de contrôler, de marginaliser et d'opprimer les peuples autochtones

Métis : « Une personne qui s'identifie comme Métis, est d'ascendance historique de la Nation métisse, est distincte des autres peuples autochtones et est acceptée par la Nation métisse. Les gouvernements de la Nation métisse de chaque province gèrent l'inscription des Métis. »

La **Mission Saint-Joseph** était située juste à l'extérieur de Williams Lake, en Colombie-Britannique. Elle a ouvert ses portes en 1872 et a été fermée en 1981. On l'appelait également La Mission, Williams Lake Indian School, Williams Lake Industrial School, Cariboo Residential Industrial School et Cariboo Student Residence.

Pensionnats indiens (aussi appelés « écoles industrielles ») : « Au Canada, les pensionnats indiens remontent aux années 1870. Plus de 130 pensionnats ont été établis un peu partout au pays et le dernier a fermé ses portes en 1996. Financés par le gouvernement et administrés par les églises, ils ont été mis sur pied pour empêcher les parents autochtones de participer au développement spirituel, culturel et intellectuel de leurs enfants. Pendant cette période, plus de 150 000 enfants métis, inuits et de Premières Nations ont été placés dans ces écoles, souvent contre la volonté de leurs parents. Bon nombre d'entre eux n'avaient pas le droit de parler leur langue ni de pratiquer leur culture. Même si l'on estime à environ 80 000 le nombre d'anciens élèves encore en vie aujourd'hui, l'impact continu des pensionnats a été ressenti à travers les générations et a contribué aux problèmes sociaux qui persistent encore de nos jours [1]. » La CVR n'évoque que les pensionnats gérés par le gouvernement canadien. Il y avait d'autres pensionnats et écoles de jour partout au pays dès 1620, gérés par des églises et d'autres organisations[2].

Phyllis Webstad (née Jack) est une survivante du pensionnat qui appartient à la Nation Secwépemc (Shuswap) du nord et à la Première Nation Stswecem'c Xget'tem (Canoe Creek/Dog Creek). En 2013, elle a inspiré le mouvement de la Journée du chandail orange en racontant l'histoire de son arrivée au pensionnat de la Mission Saint-Joseph, où on lui a enlevé son beau chandail orange.

Premières Nations « est un terme qui décrit les peuples autochtones dont l'ethnicité n'est ni inuite ni métisse ».

Le **racisme**, c'est une forme de discrimination contre une personne ayant des origines ethniques différentes, fondée sur l'idée qu'il y aurait des « races » supérieures à d'autres.

Réconciliation – Voir chapitre 6.

La **Réconciliation relative aux pensionnats autochtones** est un processus collectif continu qui suppose que des Canadiens autochtones comme allochtones aient le courage de reconnaître les abus qu'ont subi les peuples autochtones au sein du système des pensionnats, et de s'éduquer les uns les autres à ce sujet. La réconciliation vise à créer un nouveau patrimoine pour les Canadiens autochtones qui soutienne un cheminement de guérison afin que puissent ressurgir, dans le respect, les traditions culturelles.

Réserve : « Le terme "réserve" fait référence à une terre mise de côté par le gouvernement fédéral pour l'usage et le bénéfice d'un groupe ou d'une bande des Premières nations. »
Affaires indiennes et du Nord Canada. Guide terminologique. 2008. http://www.ainc-inac.gc.ca/ap/tln-fra.asp.

La **résilience**, c'est la capacité à se remettre des traumatismes et d'autres défis qu'on a traversés.

La **Société du chandail orange** est un organisme à but non lucratif dont les objectifs sont de soutenir les efforts de réconciliation autour des pensionnats autochtones, de sensibiliser la population aux effets néfastes et intergénérationnels des pensionnats sur les individus, les familles et les communautés, ainsi que de diffuser l'idée que « Chaque enfant compte ».

Les **survivants** sont des Autochtones qui ont fréquenté les pensionnats et qui ont survécu à l'expérience, contrairement à d'autres. La CVR estime que près de 6000 enfants sont morts dans les pensionnats ou en conséquence de ceux-ci.

Les **survivants intergénérationnels** sont des Autochtones qui éprouvent encore aujourd'hui les effets du vécu de leurs ancêtres ayant fréquenté les pensionnats. Le traumatisme a été si profond qu'il a été transmis d'un membre de la famille à un autre, car les survivants n'ont pas eu accès aux ressources nécessaires pour guérir de leur expérience douloureuse.

Un **traumatisme intergénérationnel** a lieu quand le traumatisme qu'a éprouvé un parent ou un grand-parent se fait ressentir dans les générations suivantes, tant sur le plan émotionnel que physique.

Un **traumatisme national** a lieu quand une expérience ou un événement traumatisant a des séquelles sur un groupe de personnes à l'échelle d'un pays. Les pensionnats indiens ont donné lieu à un traumatisme national.

Vision du monde : « Un ensemble de présuppositions et croyances largement inconscientes, mais généralement cohérentes propre à chaque personne qui façonnent la façon dont nous interprétons le monde et tout ce qui s'y trouve, ce qui, inversement, influence la manière dont nous nous percevons en tant qu'individus, comment nous interprétons notre rôle dans la société, comment nous abordons les enjeux sociaux et ce que nous percevons comme la vérité. »

Williams Lake : la Ville de Williams Lake est située au sein du District régional de Cariboo en Colombie-Britannique, sur le territoire traditionnel des T'exelcemc (Première Nation Williams Lake), membres de la Nation Secwépemc (Shuswap).

Sources

1) « Bands », *Indigenous Foundations UBC Arts*, https://indigenousfoundations.arts.ubc.ca/bands, consulté le 25 mai 2020.

2) Daniel Schwartz, « Truth and Reconciliation Commissions: By the Numbers », *CBC News*, le 2 juin 2015. https://www.cbc.ca/news/indigenous/truth-and-reconciliation-commission-by-the-numbers-1.3096185, consulté le 28 mai 2020.
John Paul Tasker, « Residential Schools Findings Point to "Cultural Genocide", commission chair says, » CBC News, https://www.cbc.ca/news/politics/residential-schools-ndings-point-to-cultural-genocide-commission-chair-says-1.3093580, 15 mai 2015, consulté le 30 mars 2020.

3) « Christopher Columbus and the Doctrine of Discovery: 5 Things to Know », *Indigenous Corporate Training*, 3 octobre 2016, https://www.ictinc.ca/blog/christopher-columbus-and-the-doctrine-of-discovery-5-things-to-know, consulté le 25 mai 2020.

4) « Terminology », *Indigenous Foundations UBC Arts*. https://indigenousfoundations.arts.ubc.ca/terminology/#rstnations, consulté le 1er mai 2020.

5) « Génocide », Convention pour la prévention et la répression du crime de génocide, https://www.ohchr.org/fr/instruments-mechanisms/instruments/convention-prevention-and-punishment-crime-genocide, consulté le 15 février 2020.

6) « Indien », *The Canadian Encyclopedia*, 11 mai 2020, https://www.thecanadianencyclopedia.ca/fr/article/indian-term, consulté le 15 mai 2020.

7) La Commission de vérité et réconciliation du Canada, *Ils sont venus pour les enfants*, Manitoba, Bibliothèque et Archives Canada

8) « Délégués indiens au Canada », *L'Encyclopédie canadienne*, 25 octobre 2018, https://www.thecanadianencyclopedia.ca/en/article/indian-agents-in-canada, consulté le 28 mai 2020.

9) Webstad, Phyllis, entretien personnel, janvier 2020.

10) « Pensionnats du Canada : L'histoire, partie 1 des origines à 1939 », Commission de vérité et réconciliation du Canada, 2015, https://publications.gc.ca/collections/collection_2015/trc/IR4-9-1-1-2015-fra.pdf, consulté le 30 mai 2020

11) La Commission de vérité et réconciliation du Canada, *Ils sont venus pour les enfants*, Manitoba, Bibliothèque et Archives Canada, 2012, p. 5.

12) « Archived – Common Terminology », *Indigenous and Northern Affairs Canada*, 11 mars 2013. https://www.aadnc-aandc.gc.ca/eng/1358879361384/1358879407462, consulté le 1er mai 2020.

13) « Intergenerational Survivors », *Where are the Children*, le 28 novembre 2013, http://wherearethechildren.ca/en/watc_blackboard/intergenerational-survivors/

14) Kevin Bérubé, « The Intergenerational Trauma of First Nations Still Run Deep », *The Globe and Mail*, le 16 février 2015, https://www.theglobeandmail.com/life/health-and-tness/health-advisor/the-intergenerational-trauma-of-rst-nations-still-runs-deep/article23013789/, consulté le 24 mai 2020.

15) « Sir John A Macdonald », *L'Encyclopédie canadienne*, https://www.thecanadianencyclopedia.ca/fr/article/sir-john-a-macdonald, consulté le 30 novembre 2022.

16) « Archivée - Glossaire terminologique », Affaires autochtones et du Nord Canada, le 11 mars 2013, https://www.rcaanc-cirnac.gc.ca/eng/1542393317939/1542393336851, consulté le 1er mai 2020.

17) « Citizenship », Métis National Council. Citations tirées de R. v. Powley 2003, Cour suprême du Canada, https://www.metisnation.ca/about/citizenship, consulté le 16 novembre 2022.

18) « Journée nationale de la vérité et de la réconciliation », gouvernement du Canada, 15 novembre 2022. https://www.canada.ca/fr/patrimoine-canadien/campagnes/journee-nationale-verite-reconciliation.html, consulté le 19 octobre 2023.

19) Gouvernement du Canada, « Premières nations vivant dans les réserves : Préparation du Canada en cas de grippe pandémique : Guide de planification pour le secteur de la santé », 5 décembre 2017, https://www.canada.ca/fr/sante-publique/services/grippe-influenza/preparation-canada-cas-grippe-pandemique-guide-planification-secteur-sante/considerations-relatives-au-plan-de-lutte-contre-la-pandemie-influenza.html, consulté le 15 février 2020.

20) Harold Tarbell, document « St. Joseph's Mission Residential School Commemoration Project. Remembering, Recovering, and Reconciling », Williams Lake, Tarbell Facilitation Network, 2013.

21) John Paul Tasker, « Residential Schools Finding Point to "Cultural Genocide," Commission Chair Says », *CBC News*, 30 mai 2015, https://www.cbc.ca/news/politics/residential-schools-ndings-point-to-cultural-genocide-commission-chair-says-1.3093580, consulté le 15 janvier 2020.

22) Centre national pour la vérité et la réconciliation, « À propos », Université du Manitoba, https://nctr.ca/a-propos/?lang=fr, consulté le 15 mai 2020.

23) Williams Lake Band. https://williamslakeband.ca/, consulté le 30 avril 2020.

24) « Worldview », Dictionnaire Oxford, https://www.oxfordreference.com/view/10.1093/oi/authority.20110803124830471, consulté le 15 mai 2020.

L'illustration de la Journée du chandail orange de Gianna Pellerin, élève de 9e année

ISBN: 978-1-77854-040-0
Pour plus d'information, visitez www.orangeshirtday.org ou
www.medicinewheelpublishing.com

Phyllis Webstad en couverture photographiée par Danielle Shack de DS Photography

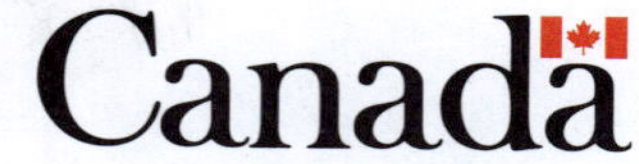